LA CURACIÓN VIBRACIONAL

JAYA JAYA MYRA

LA CURACIÓN VIBRACIONAL

Alcanza la armonía y la plenitud.
Descubre tu arquetipo energético

books4pocket

Argentina - Chile - Colombia - España
Estados Unidos - México - Perú - Uruguay

Título original: *Vibrational Healing, Attain Balance & Wholeness:*
Understand Your Energetic Type
Editor original: Llewelyn Publications – A Division of Llewelyn Worldwide Ltd,
Minnesota
Traducción: Alicia Sánchez Millet
Ilustraciones de los chakras: Mary Ann Zapalac

1.ª edición en **books4pocket** Enero 2022

Copyright © 2015 by Jaya Jaya Myra
All Rights Reserved
© 2015 de la traducción *by* Alicia Sánchez Millet
© 2015 *by* Ediciones Urano, S.A.U.
Plaza de los Reyes Magos, 8, piso 1º C y D – 28007 Madrid
www.mundourano.com
www.books4pocket.com

ISBN: 978-84-16622-75-7
E-ISBN: 978-84-9944-918-0
Depósito legal: B-18.229-2021

Fotocomposición: Ediciones Urano, S.A.U.

Impreso por Novoprint, S.A. - Energía 53 - Sant Andreu de la Barca (Barcelona)

Impreso en España - *Printed in Spain*

Índice

PRIMERA PARTE
LOS PRINCIPIOS BÁSICOS
DE LA SALUD Y DE LA ENERGÍA

SEGUNDA PARTE
**TÉCNICAS Y HERRAMIENTAS
PARA LA CURACIÓN**

Introducción

Me llamo Myra, soy escritora, sanadora y guía espiritual. He escrito este libro sobre curación vibracional a fin de aportar una visión completa de lo que es la sanación y su funcionamiento en todos los planos de la existencia (mente, cuerpo, y alma), y para facilitarte un proceso práctico de curación. La curación vibracional es un proceso de sanación en el que utilizamos nuestra energía sutil interior y la naturaleza como instrumentos de curación. Las plantas, las gemas, el agua, el sonido y casi todo lo que puedas encontrar, incluido tú mismo, encierra energía dentro de sí, que se puede canalizar para restaurar la salud y el bienestar en los planos mental, emocional y físico.

Cuando el cuerpo, la mente y el alma están en armonía, nuestra energía sutil interior fluye sin problemas. Cuando uno de estos elementos pierde su equilibrio respecto al resto, se obstaculiza el flujo de la vida o de nuestra energía sutil interior. Si todos los componentes de nuestra existencia no van a la par, se generan estancamientos y bloqueos de energía. La curación vibracional moviliza la energía interna estancada restaurando su flujo correcto, lo que hace que la persona recobre el equilibrio y la salud en todos los planos de su existencia. También tiene en cuenta que para cada constitución física y temperamento se necesita un método distinto, lo que la convierte en un sólido sistema de curación.

Todo está interconectado mediante frecuencias vibratorias que se solapan entre ellas. En la curación vibracional se utilizan diversas formas de energía sutil para restaurar la salud y el bienestar, mental, emocional, y físico. Puesto que nuestro cuerpo está hecho de energía sutil, cualquier forma de energía puede afectarle, tanto si procede de una fuente externa como interna. Reflexiona un momento sobre esto. Todo lo que está sucediendo en la energía sutil, los pensamientos y las emociones de una persona, también se reflejará en su cuerpo físico. Los dolores, las dolencias, y las enfermedades indican que hay áreas de la conciencia donde se ha truncado algo en su origen y les ha llevado a perder su estado de armonía. Cuando esto empieza a plasmarse en el plano físico, es que el desequilibrio es grave. La energía se abre paso hacia afuera desde niveles muy sutiles hacia otros cada vez más tangibles. Esto quiere decir que el desequilibrio se ha extendido hasta el resto de los planos de existencia antes de llegar al cuerpo físico.

En el ámbito de la sabiduría espiritual se dice que nuestro estado interior afecta a la realidad externa. Pero también sucede lo contrario, la realidad externa puede afectar a nuestro estado interior. Las plantas y las hierbas medicinales, las gemas y otros recursos pueden influir en nuestro estado de salud general. Cuando nos desequilibramos internamente, utilizar una fuente externa de energía vibracional es la forma más rápida y eficaz de facilitar la curación. El mundo está para ayudarnos, y existen muchísimos métodos externos que pueden restablecer nuestra salud y felicidad.

Cómo me convertí en una sanadora de curación vibracional

Desde muy pequeña he estado interesada en la espiritualidad y la sanación. Mis sueños de la infancia eran ser médica y curar a muchas personas o convertirme en pastora de alguna iglesia. Al ir haciéndome adulta empecé a interesarme por la investigación y la ciencia. Soñaba con encontrar un remedio para el cáncer o el sida. Siempre me ha afectado mucho el sufrimiento de las personas y he deseado poder hacer algo por aliviarlo. Mi juventud no fue fácil y he tenido que afrontar una combinación de abusos psicológicos y sexuales. Afortunadamente, para mí esas experiencias fueron como un catalizador para hacerme más fuerte y reforzaron mi determinación de no rendirme jamás.

Cuando estaba a mitad de mis estudios superiores, di a luz a mi hija mayor. En ese momento, llegué a la conclusión de que asistir a la Facultad de Medicina sería demasiado duro para poder cuidar adecuadamente de una familia. Así que decidí proseguir con mi carrera científica de otro modo y me apunté a un programa de doctorado de biología celular y molecular. Cuando ya estaba a punto de concluir todos mis estudios, salvo mi tesis, conocí a mi primer gurú y maestro espiritual. Aunque me faltan palabras para describir esa experiencia, enseguida supe lo que realmente deseaba de todo corazón y no era precisamente ser científica o médica. Al principio mi vida cambió gradualmente y luego con mayor rapidez. Trabajé en la industria farmacéutica en un área que experimentaba con animales: roedores y primates. Era buena en mi trabajo, pero poner fin a la vida de seres vivos en nombre de la salud y el bienestar me pasó una tremenda factura emocional. Un día fui incapaz de seguir haciéndolo. No tenía ni idea de qué podía hacer, pero lo que tenía claro era que no podía hacer daño a ningún otro animal. Rogué para que mis manos dejaran de funcionar, para no tener que inyectarle nada a un animal.

Pues bien, sucedió. Llegué a mi trabajo y, literalmente, mis manos se quedaron paralizadas y dejaron de trabajar. Entonces empezaron a sucederme cosas muy misteriosas física y espiritualmente, a la vez que mi enfermedad empeoraba. Me despidieron por incapacitación. ¡Ninguna de las pruebas médicas que me realizaron daba ningún resultado que pudiera indicar lo que me estaba pasando! Tenía unos dolores terribles, pero carecía de un diagnóstico definitivo. En esa etapa de mi vida lo perdí todo. Mi trabajo, mi casa, mi matrimonio…, todo; rogaba con todas mis fuerzas para que se produjera un cambio, y eso fue lo que pasó, aunque no era el cambio que yo esperaba o deseaba. A pesar de que mi vida cambió de pronto y de que todo era mucho más difícil y caótico, empecé a ser mucho más feliz y a sentir que estaba más cerca del camino correcto que tenía que seguir de ahora en adelante.

Pero seguí teniendo dolores y los medicamentos empeoraban mi situación. Al final, llegué a la conclusión de que o encontraba otra solución o acabaría muriéndome. Mi viaje hacia la salud y la curación duró unos cinco años. Estudié para ser profesora de yoga y yogaterapeuta. Aprendí reiki y otras formas de sanación con energía sutil. Cambié mi dieta. Meditaba todos los días. Seguí una estricta práctica diaria para sanar mi mente, mi cuerpo y mi alma. Invertí mucho tiempo, derramé muchas lágrimas y necesité mucha disciplina, pero funcionó. Gané claridad mental, más fortaleza, más amor y alegría, y perdí miedo. A medida que iba cambiando y creciendo gracias a mis experiencias, empecé a ser más capaz de ayudar a otras personas de la manera en que realmente quería hacerlo. La gente empezó a acudir a mí en busca de consejo y para curarse, y así empezó mi camino como sanadora y guía espiritual.

Tuve la oportunidad de hacer muchas cosas increíbles y experimenté un cambio radical en mi vida para mejor. Aunque no era médica o científica, había conseguido exactamente lo que había deseado de pequeña, a través de mis prácticas espirituales y mis experiencias en la vida, aprendí los fundamentos de la sanación y a conectar directamente con la esencia divina que mora en mi propio corazón. He trabajado con muchas mujeres que han sufrido abusos físicos y sexuales, con personas derrotadas y confusas, y con otras que simplemente necesitaban saber en lo más profundo de su ser hasta qué punto eran amadas realmente. Vivía en la Costa Oeste y me trasladé a la ciudad de Nueva York para abrir un centro de espiritualidad y sanación. Fundé la asociación sin ánimo de lucro Gita for the Masses (La Gita para todos), que enseña a las personas a superar los obstáculos y a salir victoriosas en su vida. Participo regularmente en un programa de televisión para hablar sobre espiritualidad y sanación. He hablado en las Naciones Unidas sobre espiritualidad y el poder femenino. Escribo habitualmente, tanto para revistas como para mi asociación no lucrativa, sobre el aspecto espiritual de la vida y cómo integrar la espiritualidad en la vida cotidiana. Ser guía y sanadora es mi vocación y me siento profundamente agradecida por las oportunidades y experiencias que me ha brindado la vida, porque tanto las buenas como las malas me han enseñado a ayudar eficazmente a los demás.

Prueba algo nuevo

Puede que el término curación vibracional sea un concepto muy nuevo para ti. Cuando investigamos el proceso de la salud y de la curación, es de vital importancia que nos conozcamos a nosotros mismos. Para llegar a conocerte has de arriesgarte y probar cosas nuevas. Cuando adquiramos este conocimiento y actuemos de acuerdo con nuestro carácter innato lograremos la salud y el bienestar. Solo cuando te conoces a ti mismo puedes trabajar eficazmente con la energía sutil. Los ejercicios del capítulo 3, para determinar cuál es tu elemento y temperamento son un excelente punto de partida, pero en última instancia cada persona tendrá que arriesgarse y probar algo nuevo. Incluso en el caso de que tengas dudas sobre cuál es la mejor opción, ¡atrévete y prueba algo nuevo! Puede que te sorprendas y que termine gustándote algo que jamás hubieras podido imaginar que te interesara.

A la persona que esté realmente interesada en experimentar los beneficios de la curación vibracional le recomiendo que pruebe diferentes modalidades, incluidas las que se encuentran en los últimos puestos de su lista. En lugar de dejar que la mente crea que sabe algo, comprueba o rechaza esos pensamientos a través de la experiencia directa. Dale una oportunidad a todas las modalidades, no pruebes algo solo una vez o dos. Para poder valorar realmente su eficacia, hemos de dejar que actúe en nuestro sistema durante algún tiempo antes de pasar a otra cosa. La mente necesita unas seis semanas para empezar a romper los viejos hábitos y varios meses para afianzarse en una nueva línea de pensamiento y forma de vida.

Cómo utilizar este libro

Este libro es mi primer intento de exponer algunas leyes espirituales bastante esotéricas y explicarlas de un modo práctico y beneficioso para la salud y el bienestar generales. Espero que te ayude a entender algunos aspectos de la curación que es imprescindible que conozcas y que rara vez se exponen de una forma tan clara y abierta. Nada de lo que aquí expongo puede sustituir a la introspección y la contemplación profunda. Todo lo que presento es un gran punto de partida para hacerte pensar y profundizar en tu propio estudio sobre la vida y la salud.

En este libro veremos todo tipo de métodos de curación y los desarrollaremos a fin de comprender cuáles son los adecuados para ti y por qué lo son, basándonos en los elementos que dominan en cada persona y en su temperamento o en su carácter. Ahondaremos en los conceptos básicos de salud y de energía, para que te puedas comprender holísticamente y trabajar con la energía curativa innata que tienes dentro de ti. También veremos cómo está conectado el temperamento interno con los instrumentos y métodos de curación externos para que puedas entender qué es lo que a ti te funciona y por qué.

En la primera parte veremos cómo puedes descubrir cuál es tu tipo de energía personal. En el capítulo 1, hablaremos de las bases de la curación vibracional cuando estamos integrados y equilibrados. Veremos cómo la mente, el corazón y los sentimientos se relacionan entre ellos e interactúan entre sí para crear un estilo de vida saludable. En este capítulo también descubriremos la importancia de la prosperidad interior en la salud y en la curación, y las diferencias entre el concepto oriental y occidental del bienestar. En el capítulo 2, conoceremos lo que es la energía sutil y de dónde procede, y también veremos los diez chakras corporales y su función para conservar la buena salud. En el capítulo 3, abordaremos el tema de comprender tu tipo de energía y temperamento conociendo los gunas y los elementos. También encontrarás dos cuestionarios que te ayudarán a determinar tu temperamento y tu constitución física.

En la segunda parte, veremos los instrumentos de aprendizaje y las técnicas de curación. En el capítulo 4, hablaremos de las modalidades de curación según cada constitución y los elementos. En el capítulo 5, veremos las modalidades de curación en su relación con el temperamento, el propósito de tu vida y los gunas. En el capítulo 6, se encuentran las prácticas específicas que se corresponden con los distintos elementos y los gunas, que te ayudarán a iniciar tu viaje de sanación. También incluye un apéndice, especialmente diseñado para los sanadores, donde trato algunos conceptos importantes respecto a lo que te convierte en un buen sanador.

Antes de que entres en más detalles, quiero compartir contigo un secreto, segura de que supondrá el eje de todo tu viaje hacia la curación vibracional. El bienestar es el restablecimiento del equilibrio, es decir, lo que nos cura es nuestra propia intención: nuestra integridad y fuerza de voluntad. Cualquier instrumento interno o externo que utilicemos en el proceso, tanto si se trata de una planta medicinal como de la música o cualquier otro método de sanación, solo es un instrumento para facilitar el proceso. No hay ninguna energía externa que no se encuentre también en tu interior. En última instancia, la curación depende de ti y de tener la determinación, el carácter, el equilibrio en la vida y la fuerza de voluntad necesarios para conseguirlo. Las personas y los métodos pueden ayudarte mucho en este proceso, pero la decisión final de estar bien se halla en tu interior. Ahora, vamos a pasárnoslo bien averiguando cómo llegar hasta allí.

PRIMERA PARTE

LOS PRINCIPIOS BÁSICOS
DE LA SALUD Y DE LA ENERGÍA

La vida es muy variada. No existen dos personas que elijan vivir de la misma manera, sin embargo, todos compartimos deseos y nos planteamos ciertas preguntas generales. En algún momento de la vida, nos hacemos estas preguntas, muchas de las cuales están relacionadas con la salud y el bienestar. Quizás de todas ellas la más importante sea cómo mantenernos verdaderamente sanos y equilibrados en la vida, puesto que ello repercute en todos los demás aspectos de la misma.

La salud y el bienestar sigue siendo un tema delicado en la conciencia social colectiva. Existen muchos conceptos de lo que significa estar sano, y muchos se contradicen. A pesar de todo, te encontrarás con todo tipo de personas, con opiniones totalmente opuestas que te asegurarán que su camino es el bueno. Por si fuera poco, también verás que entre esas personas con opiniones totalmente contrarias, en ambos bandos hay quienes han tenido éxito en sus respectivos caminos. Métodos distintos han demostrado su eficacia en distintas personas, y también se ha visto que lo que a una le funciona no necesariamente le va bien a otra. El proceso de curación es mucho más complejo de lo que podemos percibir a simple vista.

No creo que la curación se pueda enfocar bajo un prisma único, ni considerar que una vía es mejor que otra, y a lo largo de este libro iremos viendo las muchas razones por las que es así. En pocas palabras, todos somos tan diferentes y únicos que es imposible ceñirnos a un solo concepto de salud y bienestar que sea apto para todos en cualquier circunstancia. Incluso como seres únicos que somos, siempre estamos evolucionando y cambiando. Cambian las tendencias, cambian los deseos, las cosas que nos gustan y las que no nos gustan. Todos atravesamos distintas fases de crecimiento psicológico y emocional, y experimentamos diferentes cambios biológicos que hacen alterar nuestra percepción y realidad, a veces de forma drástica. Todas estas cosas afectan a nuestra salud general y son tan únicas para cada persona como sus esperanzas y sueños.

Aunque nuestra psicología, emociones y deseos cambien con el tiempo, nuestra constitución física general y temperamento no lo hace, lo que ratifica que centrarse en estos dos aspectos respecto a la salud y la curación es un recurso excelente. Cuando te comprendas a ti mismo, aprenderás a curarte en todas las etapas y transiciones de tu vida. En esta sección veremos cómo puedes descubrir cuál es tu constitución energética personal, revisaremos los diez chakras importantes para la curación, hablaremos de los gunas y de los elementos, y de la forma en que estos determinan tu constitución y temperamento. También aprenderemos concretamente qué es la energía sutil, de dónde procede, y cómo la mente, el corazón y los sentimientos contribuyen a hacer que una persona esté sana y equilibrada en su vida.

Ha llegado el momento de que empieces a integrar la salud, la prosperidad, y el alma en tu vida. ¿Estás preparado?

1

Los principios básicos de la curación vibracional

El viaje hacia la curación y la plenitud es uno de los más fascinantes que puede hacer una persona. Es un proceso de aprendizaje, experimentación, y de profundización sobre quién, qué eres y de qué forma te afecta la vida y sus experiencias, que dura hasta el final de tus días. La curación es un tema muy extenso, así que en nuestro viaje deberemos tener en cuenta muchas cosas. En este capítulo, abordaremos conceptualmente lo que es la curación vibracional y cómo difiere de los tipos de terapia convencionales. Hablaremos de la mente, el intelecto, el corazón, los sentimientos, y de los componentes espirituales del bienestar. Todos estos componentes cumplen su función en la salud. La verdadera esencia de la curación vibracional es restaurar el equilibrio en todos los aspectos de la existencia del ser humano. Tener las ideas claras respecto al funcionamiento independiente y conjunto de cada una de estas piezas te servirá para que la curación sea más completa y eficaz. ¡Manos a la obra!

La curación vibracional y la persona integrada

Las personas somos complejas. Hemos de tener en cuenta nuestro sistema de cuerpo, mente y alma, a la hora de contemplar todo el abanico que compone el bienestar, y la curación vibracional no es una excepción. La curación vibracional es una metodología de sanación en la que se usa la energía sutil para restaurar el equilibrio en los planos mental, físico o emocional. Tiene muchos aspectos distintos, pero la esencia es la misma: nuestro cuerpo está formado por diversas corrientes de energía sutil (o vibraciones) que trabajan conjuntamente como si fueran una sola. Cuando la persona integrada y unificada pierde su equilibrio, se produce la enfermedad o «mal-estar» debido al estancamiento de la energía. Cualquier desarmonía entre los pensamientos, los sentimientos, el cuerpo, la mente y el alma provoca un estancamiento de energía en el cuerpo, que si no se resuelve puede generar enfermedades.

Todo lo que existe en la Tierra posee una vibración y un campo energético. Cuando aprendes a usar algo —ya sea una planta o hierba medicinal, una gema, la música, el tacto o cualquier otra cosa (incluido tú mismo y tu propia energía)— para lograr el bienestar, estás utilizando los conceptos de la curación vibracional. Este método de sanación tiene como finalidad restaurar el equilibrio de la mente, el cuerpo y las emociones restaurando el flujo de la energía estancada. Para estar integrados, plenos y sentirnos realmente realizados en la vida, todo nuestro ser ha de resonar, estar en armonía consigo mismo y trabajar al unísono. Estos conceptos de integración y plenitud es lo que los buscadores espirituales denominan unidad. Todo lo que eres, piensas, sientes, crees y experimentas ha de crear un conjunto armónico, no contradictorio.

Nuestros cuerpos y todo lo que existe en la Tierra están formados por la combinación de los elementos de la naturaleza: tierra, agua, fuego, aire y éter. Todas las frecuencias elementales y materiales tienen su origen en la conciencia primordial del ser humano, y se dividen en diversas frecuencias a pesar de proceder todas de la misma fuente de conciencia, a la que algunas personas denominan alma o incluso Dios. Los elementos no son la única frecuencia vibratoria, pero debido a que son los que determinan la estructura física del cuerpo, tienen un tremendo impacto en nuestro bienestar. Cualquier forma de curación vibracional, cuando se realiza correctamente, tiene en cuenta la totalidad del ser, el complejo cuerpo, mente y alma. Tanto las vibraciones elementales como las que se relacionan con el temperamento y el carácter de la persona, pueden facilitar la curación y el bienestar general.

El hecho de que todos crecemos y evolucionamos con el tiempo hace que ser una persona integrada y plena sea un proceso en sí mismo. Cuando descubres lo que significa ser tú mismo y satisfacer tus necesidades y deseos, ¡todo cambia! ¡La vida es dinámica! El sentimiento de integración y plenitud cambia cuando cambian tus necesidades y tus deseos. La capacidad de una persona para vivir con integridad depende casi exclusivamente de su habilidad para desarrollar su carácter y su temperamento innato. Por carácter me estoy refiriendo a algunos aspectos básicos de éxito en la vida como no tener miedo, ser valiente, sincero con uno mismo, tener claridad mental, disciplina y autoconfianza. Estos rasgos forman parte del potencial innato de todo ser humano, pero para que se produzca la integración hemos de cultivarlos. Cuando una persona desarrolla la habilidad de saber realmente lo que quiere y necesita en la vida y está dispuesta a hacer el esfuerzo adecuado para conseguirlo (aquí es donde entra en juego la disciplina y la coherencia), nada es imposible.

Cuanto más dispersa una persona su energía en varias direcciones, más le cuesta conseguir algo. Lo mismo sucede en el cuerpo y en la mente: cuando aumentan los conflictos internos, disminuye la capacidad de sentirnos plenos y completos. Los conflictos impiden la felicidad, generan dudas y conducen a la inestabilidad emocional. Esta falta de equilibrio interior o lo que yo denomino carácter, tiene una gran repercusión en la totalidad de la persona, incluido su cuerpo.

Nuestro cuerpo posee varios sistemas de órganos que trabajan todos en armonía, a pesar de que cada uno de ellos sea único y tenga una función exclusiva: el trío cuerpo, mente y alma funciona del mismo modo. Cuando no es así, se produce la desarmonía. Si tu corazón le dijera a tu hígado que no lo está haciendo bien y que se vaya a paseo, ¿qué sucedería? Esto es lo que hacemos constantemente en lo que respecta a nuestro ser integrado. Nos convencemos o nos convencen de que hay partes de nosotros mismos que no son importantes y esto nos genera sufrimiento y desarmonía. Puesto que todas las piezas forman parte de nuestra naturaleza intrínseca, cuando una de ellas sufre, también sufre el resto.

El concepto de vida integrada y plena es muy simple. No obstante, simple no equivale a sencillo. Probablemente, sea la simplicidad de este concepto lo que hace que las personas se lo tomen demasiado a la ligera. Integración es la capacidad de hacer un montón de pequeñas cosas diferentes y combinarlas para que trabajen como si fuera una sola. Para la mente esto es un concepto abrumador. Esto se debe a que ésta no es más que la fachada del corazón, y como no es más que una pieza dentro de todo el engranaje, no puede comprender la totalidad. Sin embargo, nos han educado para que le demos a la mente más control del que debería tener. (En breve me extenderé sobre la mente y el corazón.) La capacidad de vivir de manera integral procede de un lugar mucho más profundo que inevitablemente nos conducirá a un equilibrio más holístico entre el cuerpo, la mente y el alma.

Para lograr equilibrio e integración se han de tener en cuenta las necesidades del conjunto. Esto implica un equilibrio entre el cuerpo físico y las necesidades específicas de su estructura, la mente (que incluye las percepciones sensoriales), los sentimientos y el espíritu (o el alma) que lo conecta todo. Puesto que en nuestra cultura actual tendemos a dejarle el control a la mente, puede suponer mucho trabajo y esfuerzo recuperar el estado de armonía entre estos tres componentes de nuestro ser.

Cuando actuamos como personas integradas y completas, el resultado natural es la salud y el bienestar. Cuando reina el desequilibrio y el conflicto interno, puede acabar provocando problemas físicos que se manifestarán como enfermedades. En este punto es donde los conceptos oriental y occidental de la salud física se bifurcan, y puesto que son divergentes, es importante que tengamos claros ambos paradigmas a fin de tomar decisiones con fundamento.

El concepto de curación: en Occidente y en Oriente

¿Cuántas veces te ha pasado algo que el médico no ha sabido identificar o tratar? ¿Este tipo de experiencia ha hecho que te preguntaras qué es la enfermedad o el dolor y de dónde procede, o si tan siquiera hay respuesta para estas preguntas? Este tipo de preguntas son las que probablemente te han conducido a interesarte por la curación vibracional y a saber en qué difiere de la medicina convencional. El concepto occidental de la curación es muy diferente del oriental. Un médico occidental intentará «curar» una enfermedad a alguien, mientras que alguien que utilice la visión oriental intentará restaurar el equilibrio del «mal-estar» armonizando el cuerpo, la mente y el alma. La visión occidental se basa en la ciencia y en la comprensión intelectual, mientras que la oriental tiene en cuenta el conjunto de cuerpo, mente y alma. En Oriente se considera que el alma es la fuente de la energía sutil, incluso del cuerpo físico. Puesto que la medicina occidental todavía no ha podido demostrar la existencia del alma o de la energía sutil, no se tiene en consideración a ninguna de ellas y su concepto es totalmente distinto.

El sistema médico occidental solo analiza la enfermedad basándose en sus manifestaciones físicas. Puesto que se centra en tratar la enfermedad física, su meta es eliminar la manifestación física como sea. Muchas veces esto conlleva aplicar tratamientos que son extremadamente tóxicos y que desequilibran al resto del cuerpo. La radioterapia y la quimioterapia que se emplean en los tratamientos del cáncer son un excelente ejemplo. Provocan malestar extremo, cansancio y muchos otros problemas porque no hay modo alguno de confinar ese terrible veneno a la zona afectada.

El concepto oriental de la salud y el bienestar es muy distinto; contempla la enfermedad o malestar como un mero síntoma de que el trío cuerpo, mente, y alma no está en armonía, pero sus síntomas no se consideran la causa, ni siquiera la propia enfermedad. La causa es el desequilibrio entre cuerpo, mente, y alma, que se debe a que la energía sutil del cuerpo se ha quedado estancada o atrapada. Esta energía estancada provoca las manifestaciones físicas que conocemos como enfermedades, que son zonas que no están siendo adecuadamente irrigadas con energía saludable y fluida. En Oriente rara vez se concentran en acabar con la manifestación concreta de una enfermedad, sino en restaurar y reforzar el flujo de energía.

En la visión oriental todo se tiene en cuenta. ¿Cómo es tu relación conyugal o con tu familia? ¿Eres feliz en tu vida? ¿Te sientes realizado en tu vida profesional o en tus metas? ¿Incluyes alguna práctica espiritual en tu vida cotidiana? ¿Haces suficiente ejercicio para tus necesidades físicas? ¿Has tenido alguna experiencia traumática que tengas que solucionar? Todo esto son aspectos importantes en el cuadro general de salud de una persona.

El concepto oriental se centra en reforzar la zona concreta del cuerpo, la mente o el alma que ha perdido la armonía, considera que una vez que se haya restaurado el equilibrio y la energía estancada (conocida como prana o chi) vuelva a fluir con libertad, la salud regresará automáticamente al cuerpo. El cuerpo y su sistema de energía sutil son considerados poderosas fuentes vitales, que tratadas adecuadamente pueden cuidar de sí mismas sin problema alguno. Corregir un problema físico puede suponer concentrarse principalmente en la mente o en las emociones como aspectos fundamentales para restaurar el equilibrio. Puede implicar un cambio de dieta, la eliminación de un patrón restrictivo o adoptar una afición que contribuya a la felicidad. Puede suponer terminar con una situación de sufrir abusos o desarrollar alguna forma de expresión artística y creativa. Todo se orienta hacia el cuerpo como el gran mecanismo innato de vida que puede curarse a sí mismo cuando la persona vive de forma equilibrada y satisfactoria.

Aunque básicamente todo se reduce a recobrar el equilibrio, es importante que entendamos que el enfoque de la curación vibracional reconoce que para cada temperamento físico y psicológico se han de usar diferentes terapias, que veremos más adelante en los próximos capítulos. Cada persona tiene su propia tendencia psicológica, que a su vez se refleja a través de sus emociones personales y de su constitución física específica. Son la constitución y el temperamento personales los que determinan qué equilibrio vital es el adecuado.

No me cabe la menor duda de que, con el tiempo, la ciencia llegará a entender e incluso a demostrar el funcionamiento de la curación vibracional. Ahora está empezando, quizás no a entender, pero sí a comprobar que los efectos positivos de la meditación sobre la salud son innegables. La visión oriental del bienestar jamás ha desterrado el componente espiritual o del alma que es el que crea la conciencia general del individuo, y algún día, la visión occidental dejará de hacerlo. Tendrá que evolucionar hacia algo más refinado o se quedará obsoleta. Voy a ponerte un ejemplo práctico. ¿Sabías que un médico ayurvédico o una persona versada en el arte de la kinesiología pueden diagnosticar por el pulso y determinar exactamente qué es lo que está en desequilibrio en el cuerpo y cuál es la causa del mismo? No necesita ningún otro instrumento de diagnóstico. No hacen falta análisis de sangre ni costosos escáneres. Esto es muy curioso, puesto que los médicos occidentales saben que tenemos un pulso… y eso es todo. Aunque solo utilizaran esa pequeña parte de información, si se conociera y aceptara más en la sociedad, haría temblar los cimientos de la medicina occidental tal como la conocemos hasta ahora.

La mente y la salud general

La mente es uno de los instrumentos más poderosos que existen y uno de los más incomprendidos. De ella depende por completo que la curación vibracional funcione o no, o en qué medida lo hará. La mente tiene dos componentes en el cuerpo sutil: Manas e Indu. Manas maneja las impresiones sensoriales, los hábitos y los condicionamientos; mientras que Indu es el intelecto, la capacidad de expansión, el discernimiento interior y la disolución de la negatividad interna. Para aclarar términos y conceptos, cuando use la palabra «mente» me estaré refiriendo a Manas y cuando hable del intelecto, del discernimiento interior o de la autoindagación, me estaré refiriendo a Indu.

En cuanto te preguntes: «¿Soy esto realmente o es solo mi mente?», es porque sin duda conocerás la diferencia entre tú, tu mente, y tu intelecto. Cuando experimentes en primera persona hasta qué punto tiene poder sobre ti un hábito, también entenderás esto. Me encanta moverme en cuanto me despierto por la mañana. Si no lo hago, durante el resto del día tengo la sensación de que no estoy equilibrada. La sensación de desequilibrio se debe a que la mente no ha recibido algo a lo que está acostumbrada. El hábito no es ni bueno ni malo, pero la forma en que me afecta y los sentimientos que tengo durante el resto del día son un ejemplo excelente de la habituación mental.

La mente Manas rige la parte consciente de la vida, el yo instintivo y la mente subconsciente que almacena las emociones e impresiones sensoriales. Es el aspecto mental de condicionamiento habitual. Veamos cómo nos beneficia y perjudica esto. Cuando pensamos y actuamos, los patrones conscientes y subconscientes influyen en nuestra forma de actuar, de vivir y de responder a todas las situaciones de la vida. Sin embargo, solo somos conscientes de lo que está sucediendo en la parte consciente de la mente. El subconsciente, o la mente que se rige por los hábitos, actúa sin que seamos conscientes de ello; eso es lo que la convierte en «sub-consciente» o bajo la percepción de la mente «consciente».

Aunque nos parezca que las decisiones que tomamos diariamente proceden de la mente consciente, el subconsciente influye mucho en nuestra forma de reaccionar ante las situaciones, pero de formas mucho más sutiles. Nos acostumbramos a ciertos patrones y hábitos, y ciertas formas de percibir la vida se vuelven naturales en nosotros. Cuando ponemos el piloto automático y respondemos sin pensar en ello, es que está actuando el subconsciente. Cuando algo se convierte en nuestra segunda naturaleza y nos exige el mínimo o ningún esfuerzo, es que se ha vuelto subconsciente. Lo subconsciente afecta siempre a nuestra forma de actuar y de percibir el mundo, y puesto que sus acciones ya no son una respuesta consciente a la vida, es importante que comprendamos estos patrones de habituación.

El aspecto mental condicionado habitual es el eje en torno al cual gira nuestra vida. Todas las experiencias sensoriales y los sentimientos que generan quedan almacenados en la mente y crean patrones mentales. Estos patrones de pensamiento son la base de todos nuestros patrones de reacción y de las respuestas habituales que tenemos en nuestra vida. Transcurrido algún tiempo, las impresiones quedan en estado latente y la mente consciente se olvida de ellas, pero no sucede lo mismo con el subconsciente. Los patrones de pensamiento crean surcos, cuanto más fuerte es un sentimiento, más profundo el surco. La energía circula por estos surcos, así que si la experiencia que ha creado el surco no era positiva, es importante que nos deshagamos de ella. Del mismo modo que se crea un surco, también se puede rellenar mediante la sanación, la meditación y toda una serie de técnicas diseñadas para restaurar el equilibrio y el bienestar mental.

La mente es un instrumento excelente para una persona disciplinada que sigue un camino proactivo y positivo. Del mismo modo que podemos programarla para que sea positiva y feliz, podemos programarla para lo contrario. Aquí es donde la mente se convierte en un arma de doble filo. La mente es un poderoso instrumento que hará aquello para lo que haya sido programado. Cuando las personas son constantemente desgraciadas, este sentimiento acaba abriéndose paso hasta su subconsciente y los sentimientos de descontento se convierten en la norma. Entonces se requiere un esfuerzo consciente y continuado para poder ser feliz. Estoy segura de que habrás oído decir que te conviertes en aquello en lo que te concentras. ¡Manas es la razón!

El intelecto es el que tiene la capacidad de creación y de disolución. Cuando el intelecto (Indu) se dirige hacia afuera, crea cosas e ideas brillantes. Cuando se dirige hacia dentro, rige el proceso de disolución de los patrones mentales almacenados en Manas. Su funcionamiento podría ser el tema de todo un libro, de modo que me limitaré a tratar los aspectos básicos. Cuando el intelecto se interioriza hacia el yo y el alma, tiene la capacidad de distinguir el alma de los patrones mentales que se han creado en Manas por la acción de los sentidos. El intelecto tiene la facultad de ver desde fuera las impresiones almacenadas en la mente, permitiendo de este modo que en nuestra existencia haya cierta separación entre los hábitos y las tendencias que creamos.

Si queremos utilizar el intelecto para interiorizarnos y practicar la autoindagación a fin de disolver los patrones mentales, hemos de seguir una serie de pasos, el primero de los cuales es reconocer la presencia del propio patrón de pensamiento. La forma más sencilla de reconocer un patrón mental es ser consciente de una reacción habitual a una situación específica. Por ejemplo, veamos el caso de Sally y de su miedo a los perros. Cada vez que ve uno, se le acelera el corazón, respira superficialmente y le entra miedo. Recuerda que antes no tenía miedo a los perros, pero un día, cuando tenía cinco años, le persiguió uno y la mordió. Después de ese incidente, cada vez que ve un perro tiene miedo. Le pasa esto incluso cuando el perro es tranquilo y está bien educado.

Los patrones mentales crean patrones de reacción que nos impiden vivir el presente. Aunque Sally sabe de sobra que *Rufus*, el perro de su mejor amiga, está bien educado y que no le morderá, sigue teniendo miedo. No es que tenga miedo de *Rufus* concretamente, sino que sus temores se activan debido a la impresión que tiene almacenada y el recuerdo de que de pequeña le mordiera un perro. *Rufus* es como un recordatorio que vuelve a activar esa impronta que quedó almacenada. Éste es el proceso de darse cuenta.

El paso dos es aprender a reacondicionar la mente a través de crear un nuevo patrón de reacción. Al aprender a utilizar el intelecto conscientemente, puedes volver a entrenar a tu mente condicionada para que elimine las improntas negativas que ha almacenado y que han generado surcos. Esto es lo que hace Sally para rellenar esos surcos. Puesto que sabe que su miedo procede del pasado, que nada tiene que ver con su circunstancia actual, y sabe que *Rufus* es bueno, coordina sus esfuerzos para simpatizar con el animal y jugar con él cada vez que visita a su amiga. Con el tiempo, podrá superar su miedo a los perros porque habrá entrenado a su mente para no tener miedo. Las nuevas impresiones sensoriales y los sentimientos positivos que habrá recopilado de su interacción con *Rufus* servirán para disolver el patrón mental que provocó su temor a los perros.

Quiero dejar claro una cosa: este proceso requiere tiempo y constancia. También incluye el ámbito de los sentimientos, de los que hablaremos en la sección sobre el corazón. Dado que el hecho que creó ese patrón mental era de naturaleza traumática, su energía inicial predominaba sobre la de la situación que Sally estaba intentando crear tímidamente haciéndose amiga de *Rufus*. Para entender este concepto podemos recurrir a la primera y la segunda ley de Newton; un objeto en movimiento seguirá estándolo hasta que se encuentre una fuerza opuesta que frene su impulso. Si la fuerza equivale a la masa por la aceleración, se necesitará una fuerza igual y opuesta para obtener una respuesta opuesta. Es decir, Sally tuvo que hacer mucho esfuerzo para hacer las paces con *Rufus* y poder igualar la fuerza de la situación traumática inicial que provocó el miedo. Con el tiempo, el esfuerzo consciente fue sumando hasta que llegó a detener el impulso de la reacción inicial.

El ejemplo de Sally muestra cómo podemos conseguir que el intelecto se interiorice de una forma positiva para devolverle el equilibrio a la mente. En muchas de las respuestas condicionadas que irás descubriendo, no necesariamente sabrás qué es lo que las ha producido, pero al menos podrás ser capaz de decir que tu reacción es una reacción condicionada y no una respuesta consciente a lo que te está sucediendo en un momento dado. Ésta es la diferencia entre reacción y respuesta. La reacción está condicionada, mientras que la respuesta lo tiene todo en cuenta por igual en el momento presente, sin que influya ninguna tendencia del pasado. Una vez superadas las primeras etapas de aprendizaje para utilizar el intelecto, en realidad no tiene importancia si sabes qué es lo que provocó el patrón del pensamiento inicial. En cuanto reconoces que tienes una reacción debida a un patrón, puedes empezar a trabajar para transformarla en algo positivo o eliminarla sin más.

Cuando aprendemos a utilizar la porción Indu de la mente, que es la que rige el intelecto y la autoindagación, el aspecto Manas puede regresar a un estado de existencia neutral e incondicionado. No es necesario que vayamos por la vida como si fuéramos arrastrados por una corriente sin control alguno sobre nuestros pensamientos y sentimientos. De la misma manera que hemos de digerir los alimentos, también hemos de digerir los pensamientos y los patrones mentales para poder conservar la buena salud en nuestra vida. Cuando aprendas a eliminar los patrones negativos de tu mente, podrás ampliar los patrones positivos y desarrollar tu carácter de modo que te permita sentirte realizado y sano. *En el capítulo 6 veremos una técnica específica para conseguirlo que se llama «Técnica de pranayama para disipar la energía negativa».*

Una forma divertida de poner a prueba tu mente es escribir tres métodos de curación que desees probar y tres que no te apetezca hacer. En esta lista puedes incluir cosas como limpiar tu cuerpo con agua salada, la aromaterapia o el ejercicio de pranayama para reducir el estrés; todo esto lo veremos en la sección de técnicas. (En la segunda parte hablaremos detalladamente de todas las modalidades.) Escribe qué te parece cada una de ellas, y luego hazlas todas. Te llevará algún tiempo darle una oportunidad a cada una, pues hace falta cierta constancia para obtener resultados. Cuando hayas probado todas las modalidades y realmente les hayas dado una oportunidad, vuelve a tu valoración inicial y revisa tus opiniones respecto a las mismas. ¡Te aseguro que te sorprenderás y que entenderás por qué es tan importante escuchar al corazón en vez de a la mente!

Experimentar con distintas técnicas y conceptos de curación te ayudará a borrar las improntas almacenadas en la mente y también a descubrir qué y quién eres en realidad, más allá de tu mente. La forma en que la mente procesa la información es lo que provoca los problemas físicos y emocionales. Aprender a escuchar tus sentimientos, tu corazón, intuición y conciencia sutil te ayudará en el proceso de curación y hará que cualquier modalidad que emplees sea más eficaz. *(Hablaremos de los sentimientos y del corazón en este capítulo, y en el capítulo 6 aprenderemos la «Técnica para cultivar la intuición y la conciencia sutil».)* Prescindir de tus objeciones mentales y ponerte manos a la obra para sanar tu mente, tus emociones y tu cuerpo, te facilitará mucho las cosas.

¿Por qué son tan importantes la mente y el intelecto?

Puede que te estés preguntando por qué hablo tanto de la mente en un libro sobre la salud y la curación. La mente es uno de los componentes de la tríada cuerpo, mente y alma, que necesitamos para estar equilibrados y completos. También es el lugar donde empieza a acumularse y a estancarse la energía antes de que se manifieste en el cuerpo como enfermedad. La enfermedad empieza siempre desde dentro. Ni el cáncer, ni las enfermedades crónicas, ni las autoinmunes se contagian. Otra persona puede transmitirte virus o bacterias, pero solo si eres susceptible a ese tipo específico de frecuencia energética. Si el cuerpo, la mente y el alma están equilibrados y trabajan en armonía, los factores externos no se asentarán en el cuerpo provocando enfermedades e infecciones.

Este estado de equilibrio tiene mucha relación con las personas que enferman fácilmente y las que no. Ésta es la parte que la medicina occidental no acaba de entender. Por otro lado, es también algo que no se puede cuantificar, puesto que todos somos tan únicos que no hay forma de saber qué grado de equilibrio tiene cada individuo. No se puede ver a simple vista o a través de lo que percibimos externamente. De la misma manera que la mente puede condensar experiencias en patrones mentales, cuando la energía puede moverse libremente, la mente es capaz de hacer grandes cosas que están fuera del alcance de los conocimientos científicos. ¿Cómo es que algunas personas tienen memoria fotográfica? ¿Cómo es que algunas personas obtienen rápidamente lo que desean y piden en la vida? ¿Cómo es que algunas personas tienen la facultad de curarse muy rápido? Todo esto son ejemplos de lo que puede hacer la mente cuando utilizamos su máximo potencial.

Dado que la medicina occidental todavía no entiende el funcionamiento del cerebro o la carga que generan los patrones mentales, tampoco puede entender hasta qué extremo la enfermedad mental está presente en nuestra cultura. Digo «enfermedad mental» para diferenciarlo de lo que denominamos trastornos mentales. Bajo una perspectiva vibracional y energética, todos padecemos algún grado de enfermedad mental. Las personas que han sido diagnosticadas de alguna dolencia mental, simplemente han llegado a una situación en la que no pueden controlar cierto aspecto de su mente. Es una forma desafortunada (y triste, desde mi punto de vista) de percibir la mente. Personas con trastornos mentales reconocidos como la esquizofrenia, la depresión o el trastorno bipolar son confinadas al ostracismo y drogadas con medicamentos, pero no se les brinda ninguna ayuda real. Los fármacos no aligeran la carga mental, su única función es anestesiar o reprimir, se limitan a ocultar los síntomas que se manifiestan a raíz de los desequilibrios que hay en el presente. Es como tapar una pila de basura poniendo una alfombra encima y hacer como si no existiera. Podrás ocultarla durante algún tiempo, pero al final, todo lo que has estado tapando saldrá a la luz algún día.

Si no controlas tu mente, los patrones de pensamiento que has ido acumulando en ella acabarán siendo los que te dominen. Puedes utilizar tu mente para desarrollar tu carácter y hacer cosas extraordinarias o puedes dejar que sea ella la que te controle y convertirte en un monstruo. ¿Quién no quiere controlar cada una de sus propias decisiones? ¿Existe alguien que elija voluntariamente reaccionar a la vida o sucumbir a impulsos incontrolables, en vez de aprender a confiar en sí mismo y a controlar sus propios pensamientos y deseos? No lo creo. No creo que haya ninguna persona que no quiera tener el control sobre su propia vida y su cuerpo: la gente pierde el control porque no sabe cómo aligerar su carga interna.

Los aspectos positivos de la mente

Veamos ahora los aspectos extraordinariamente positivos de la mente y cómo podemos usar estos poderosos instrumentos para conducirnos al equilibrio en todas las áreas de la vida. Hasta el momento solo hemos visto los patrones mentales que se producen espontáneamente a raíz de los sucesos de nuestra vida. Pero también es posible crear patrones mentales que nos dirijan hacia una buena dirección. Si no quieres que tu vida esté controlada por las situaciones y experiencias externas, has de crear experiencias en tu vida que modelen tu forma de pensar y de percibir el mundo.

Sea lo que fuere lo que una persona haga sistemáticamente (como lo que hacemos todos los días), acabará convirtiéndose en una parte de su vida. Con el tiempo, la impronta se transformará en un hábito y seguirá esa rutina sin esfuerzo. La meditación y las afirmaciones son buenos ejemplos de cultivar una rutina diaria positiva. En el capítulo 6 encontrarás algunas técnicas de meditación y afirmaciones. No quiere decir que hacer estas cosas vaya a cambiar tu vida al instante, pero gracias al poder de la mente y la forma en que ésta se relaciona con la experiencia, las personas que meditan regularmente y se centran en afirmaciones positivas todos los días crean el hábito de ser positivas. Es así de simple. En realidad, la mente es muy simple, pero trabajar con ella y tenerla bajo nuestro control consciente requiere disciplina, esfuerzo, y coherencia implacables. No cabe duda de que cosecharás los resultados positivos que puede ofrecerte la mente si desarrollas una sólida fuerza de voluntad y practicas sistemáticamente todos los días. Todas las técnicas del capítulo 6 trabajan algún aspecto de la mente.

Te convertirás en aquello en lo que piense tu mente, de modo que aprende a controlarla. Si te has propuesto desarrollar tu carácter y hacer las cosas que te llevarán por el rumbo que deseas en tu vida, con el tiempo el esfuerzo sistemático logrará borrar las impresiones latentes almacenadas en la mente. El impulso positivo se sostendrá por sí mismo y facilitará que cada vez hagamos más cosas que nos aporten felicidad, claridad y bienestar general en la vida.

El papel del corazón en la curación

La consecuencia de negar nuestra necesidad de amor y plenitud es la pobreza interior. Esto tiene implicaciones muy directas sobre nuestra vida y nuestra salud. Antes de abordar el tema de la pobreza interior frente a la prosperidad interior, definamos el corazón para saber exactamente qué es lo que estamos manejando. ¿Qué es el corazón exactamente? Es el mayor misterio de la vida. El corazón se ha de experimentar y vivir, ¡en lugar de pretender comprenderlo! Es la parte más profunda del ser humano, de todos sus sueños, de sus verdaderos deseos y aspiraciones.

Físicamente, el corazón es el órgano que mantiene unido nuestro organismo y lo sustenta. El corazón bombea sangre oxigenada a todo el cuerpo a través del sistema circulatorio. La sangre que ya no tiene oxígeno regresa al corazón, donde es bombeada hacia los pulmones; allí soltará el dióxido de carbono y absorberá oxígeno. La sangre cargada de oxígeno vuelve al corazón y es bombeada al resto del cuerpo. Éste es un ciclo interminable que solo se detiene cuando muere la persona. El corazón nutre todas las partes de nuestro cuerpo y siempre trabaja sin descanso. Aunque podemos sobrevivir un rato en muerte cerebral o estado comatoso, nadie puede sobrevivir si el corazón deja de latir.

Espiritualmente el corazón es la sede del alma. El alma se considera esa parte de nosotros que está intrínsecamente conectada con Dios. El alma es la parte microcósmica de la Divinidad macrocósmica: de Todo-Lo-Que-Es. El alma lleva consigo la inteligencia innata de cada uno de nuestros propósitos en la vida. Contiene todas las experiencias y deseos que constituyen la esencia de todo lo que es una persona. La constitución física, el temperamento psicológico y el propósito innato en la vida (también denominado *dharma*) provienen de la esencia sutil del corazón. Del propósito procede la estructura de todo lo demás: la constitución, el temperamento y la personalidad. El corazón mantiene la unidad de todas las partes del ser humano y trabaja para conservar su equilibrio en la vida, aportándole la esencia de Dios y la parte más profunda de su verdadero yo. Cuando digo Dios no me estoy refiriendo a alguien que está sentado en el cielo, sino a la esencia intrínseca de todo lo que es una persona.

Los sentimientos son la forma que tiene el corazón para comunicarse. El sentimiento que te provoque una experiencia depende únicamente del aspecto que predomine (¿la mente o el corazón?) y de la buena relación que exista entre la mente y el corazón. ¿Están en conflicto tu mente y tu corazón? ¿Sabes lo que opina tu corazón respecto a algo? Si la mente y el corazón están en conflicto, los sentimientos serán turbulentos. Cuando en una persona predominan los sentimientos y estos contradicen a su mente, tendrá problemas en su vida: arrebatos emocionales, falta de estabilidad, dudas sobre sí misma, miedo y todas las demás experiencias que no hacen más que alejarnos del conocimiento innato de nuestro corazón. Podríamos considerar los pensamientos como la expresión superficial del corazón, mientras que los sentimientos representarían su aspecto más profundo. En realidad, la mente y el corazón no están separados, por eso, cuando no funcionan como una unidad, esto se convierte en la causa de muchos de los problemas que tenemos a lo largo de nuestra vida.

Los sentimientos encierran valiosas claves para nuestro propósito en la vida. Podemos contemplarlos como una forma de comprensión profunda de nuestra esencia fundamental, pero también como una forma de comprender lo que está sucediendo en nuestro consciente y nuestro subconsciente. Si conoces bien tu corazón y tienes claro tu propósito, podrás reconocer los sentimientos y qué partes proceden de la mente condicionada. Los sentimientos son una vía para curar la mente, ya que ponen de manifiesto lo que sucede en ella. A veces no podemos ver o comprender esto por nuestra cuenta. En ese caso, recurrir a la visión externa de un consejero, terapeuta o guía espiritual es una forma excelente de saber con mayor rapidez y precisión lo que está sucediendo dentro de nosotros.

Emocionalmente, el corazón está considerado la sede del amor. Como seres humanos sentimos la plenitud y la unidad en forma de amor. La persona que se siente realizada y completa emite una vibración única. Todas las expresiones y matices del amor proceden de esta esencia básica. El amor es esa área de la vida que no puede ser negada y que todo aquel que haya estado enamorado o haya sido amado te dirá que es la fuerza más poderosa de la existencia. Cuando intentamos negar nuestra necesidad de amar, estamos negando la necesidad de sentirnos completos y realizados, lo cual conduce a un estado de desequilibrio que se traduce en pobreza interior.

La pobreza y la prosperidad interiores

Todavía recuerdo la primera vez que mi familia celebró el día de San Valentín, yo era muy pequeña. Cuando me enteré de que había un día dedicado exclusivamente a sentir y transmitir amor, ¡mi corazón se emocionó de alegría! Todavía recuerdo lo que sentí en ese momento: el pensamiento de este recuerdo me hace sonreír cada vez, sin que influya mi estado de ánimo. La prosperidad interior la describiría como ese sentimiento de dicha exultante.

Es importante que entendamos bien lo que son la pobreza y la prosperidad interiores. Todos las experimentamos de forma distinta, pero la energía subyacente es la misma. La prosperidad interior es la estabilidad y la plenitud interiores que experimentamos cuando los sueños del corazón (que proceden directamente del alma) reciben la atención y los cuidados que necesitan para manifestarse. Estar bien con uno mismo interiormente no depende de la realidad externa; ese bienestar se debe a la prosperidad interior. No podemos experimentar felicidad, energía creativa y autoestima habitualmente si no alimentamos la prosperidad interior. Es la energía nutritiva de la prosperidad interior la que alimenta la felicidad y todas las expresiones de la salud y el bienestar. La prosperidad interior es la energía que necesitamos para realizar todas las cosas, mientras que la pobreza interior refleja la falta de esta energía vital que nutre y sustenta.

La pobreza interior es el resultado directo de no vivir de acuerdo con la esencia de nuestro corazón y nuestra alma, de los cuales se manifiestan el temperamento, la constitución y el carácter. Cuando una persona ignora su naturaleza innata interna, nada de lo que le suceda externamente la ayudará a sentirse realizada. De hecho, por lo general aumenta su insatisfacción y su incomprensión de por qué en su vida nada parece tener sentido. Antes he dicho que las personas no podemos negar el amor. No me malinterpretes, las personas niegan constantemente el amor, pero hacerlo trae sus consecuencias, del mismo modo que cualquier tipo de desequilibrio tiene las suyas.

Los sentimientos de prosperidad interior son la energía sutil más importante que hemos de cultivar para curarnos y conservar nuestro bienestar. La prosperidad interior está directamente relacionada con los sentimientos de autoestima y de lo que uno siente que es capaz de lograr en la vida. Si una persona cree que no puede conseguir algo bueno, no hace ningún esfuerzo. Si una persona carece de una energía positiva interna sólida que la apoye para ayudarle a conseguir sus metas, el intento terminará antes de haber alcanzado la meta debido a la falta de ímpetu. No importa cuál sea la meta, puede tratarse de conseguir otro trabajo, aprender a curarse de una enfermedad o realizar un gran cambio en la vida. Sea cual sea, todas las cosas buenas y la facultad de lograr buenos resultados proceden de desarrollar la prosperidad interior.

Las personas que padecen pobreza interior muestran una serie de signos y síntomas característicos que es importante que sepamos reconocer en nosotros mismos y en los demás, si tenemos la intención de ayudar a otras personas a curarse. Entre los síntomas de la pobreza interior se encuentran la adicción al trabajo, dar una importancia exagerada al intelecto a costa de los sueños y los sentimientos, la necesidad de usar el pensamiento racional propio del hemisferio izquierdo a la hora de tomar decisiones, y en el peor de los casos, la tendencia a la violencia contra otros seres humanos o animales. Hay algunas cosas en la vida que son muy sencillas; si eres feliz, jamás se te ocurre hacer daño a los demás. ¡Desearás ayudarles a ser felices! Si te sientes realizado interiormente, no necesitas mecanismos de defensa que nieguen la importancia de los sentimientos.

Incluso algunas personas de buen corazón dan muestras de pobreza interior, pero de un modo totalmente opuesto. Siempre están dando a los demás y haciendo obras de caridad, pero nunca se ocupan de ellas mismas. Este tipo de personas reconocen la verdad fundamental de que dar es la mejor forma de recibir lo que se necesita, pero no han aprendido a recibir ni a llenarse de sentimientos positivos y autoestima. La caridad y la compasión han de empezar por uno mismo para que sean productivas y gratificantes, de lo contrario es posible que solo sea una forma de escapismo.

No importa cómo se manifieste por fuera la pobreza interior, el resultado es el mismo. No hay riqueza exterior, recurso material o ni siquiera amor de otras personas que pueda llenar el vacío que siente una persona dentro de sí. El vacío empieza cuando la persona pierde de vista a su ser innato y su vocación en la vida, cuando las palabras de los demás y sus pensamientos ensombrecen al ser interior que mora en su corazón. ¡Tú eres el mayor regalo que recibirás jamás! Tu constitución fue creada para cumplir el propósito de tu vida, de modo que en realidad todas las personas disponemos de todos los instrumentos necesarios para triunfar, tener prosperidad, felicidad, y salud en la vida. Busca ese lugar de felicidad en tu interior si alguna vez pierdes el contacto con tus sentimientos de prosperidad. En mi caso, el recuerdo del día de San Valentín me ayuda a recuperarlos. ¿Y a ti?

Al corazón lo que le importa es que las personas sean felices y se sientan realizadas en su vida. Cuando dejamos que la energía del corazón se exprese con libertad descubrimos que es ilimitada. El corazón guarda todos los secretos de la felicidad y la plenitud. Si no estás seguro de lo que te está transmitiendo tu corazón utiliza tus sentimientos como un medio más de autodescubrimiento. Pide ayuda a los demás cuando lo necesites. Utiliza todos los recursos que tienes a tu alcance. No esperes averiguarlo todo por ti mismo, aunque el corazón sí lo sepa; hace falta práctica para saber distinguir sus mensajes de los de la mente y los de nuestras reacciones condicionadas.

Podemos entrenar nuestra mente para que se convierta en uno de los instrumentos más poderosos de nuestra existencia. Cuando la mente trabaja a la par con el corazón, en lugar de hacerlo en su contra, la fuerza que adquiere puede conseguirlo prácticamente todo. Cuando actuamos desde el corazón y lo más profundo del alma, poseemos una energía ilimitada para hacer las cosas. Cuando actuamos con la mente y vamos en contra del flujo natural de nuestro dharma, enseguida nos cansamos y aburrimos. ¿Te ha pasado esto alguna vez? Cuando haces algo que te gusta, ¿te parece que has hecho mucho esfuerzo? ¿Qué pasa cuando haces cosas que detestas o que sientes que no tienes más remedio que hacerlas para sobrevivir? Todo lo que escribo en este libro es para profundizar en ello y experimentarlo, no es conocimiento teórico. Compruébalo tú mismo y anota los resultados. No me extrañaría que descubrieras que cuando eres verdaderamente feliz el tiempo vuela y sientes mucha energía.

La prosperidad interior: afirmaciones y abundancia

Se ha hablado mucho los últimos años sobre los secretos de la abundancia, la positividad y el papel de la gratitud para tener éxito en la vida. Albergar sentimientos positivos respecto a uno mismo y cultivar la gratitud son manifestaciones de prosperidad interior. Son una forma natural de reflejar que en nuestra vida estamos centrados en el corazón. Hemos oído muchas veces que una de las formas de cultivar la positividad en la vida es repitiendo afirmaciones, que son creencias o deseos que tienes respecto a ti mismo expresados en forma de decretos positivos. Por ejemplo, decir todos los días: «Soy una persona hermosa» ayuda a que la mente y los sentimientos sintonicen con la vibración de la belleza. No obstante, una persona internamente pobre será incapaz de albergar unos sentimientos sinceros de gratitud y positividad respecto a la vida, por consiguiente, por más afirmaciones que repita no logrará cambiar nada. El refrán «Recoges lo que siembras» tiene un significado muy profundo; en la vida solo puedes conseguir lo que ya eres, y lo que internamente sabes y sientes que es cierto, no lo que deseas que sea cierto.

Utilizar las afirmaciones para ayudarte a manifestar las cosas que deseas en tu vida es más eficaz cuando existe una buena base de prosperidad interior. De lo contrario, la afirmación es un ataque directo a lo que en realidad sientes en tu interior y genera tensión. El tiempo y la perseverancia pueden ayudar a aliviar esta tensión, pero de momento repetir una afirmación en la que no crees realmente puede hacerte más mal que bien. Si una persona tiene unos conceptos muy arraigados que bloquean su prosperidad interior y su felicidad, tendrá que trabajar mucho y esforzarse bastante para superarlo. La prosperidad interior o exterior es una energía que fluye. Cualquier cosa que tenga el efecto de obstruir la libre circulación de la energía, limitará su capacidad para sentirla o experimentarla.

El mantra, por otra parte, tiene resultados positivos para todos y se puede usar para disolver los sentimientos que impiden o limitan de algún modo la prosperidad interior. Los sonidos simiente de los que se componen los mantras actúan directamente en nuestro interior y en el cuerpo sutil. Hablaremos de este concepto más adelante.

La principal lección de la prosperidad interior es trabajar con lo que tenemos, en vez de concentrarnos en la magnitud de nuestros sentimientos de prosperidad. Trabaja con ello, riégalo y crecerá. Es técnicamente imposible trabajar con algo que no se tiene, sin embargo, esto es lo que la mente intenta hacernos creer. En vez de centrarnos en lo positivo que hay en nuestra vida y fomentarlo, la mente se centra en lo malo y en lo que no tiene, mermando así la prosperidad interior.

Cuando nos encontramos ante una situación desagradable en la vida, es propio de la naturaleza humana que intentemos concentrarnos en algo opuesto para huir de ella, en vez de plantearnos unas metas realistas para alcanzar el éxito. Aquí tienes un ejemplo. Si una persona está muy enferma, el mero hecho de repetir muchas veces «Estoy sana» no le devolverá la salud. Si utiliza la afirmación de este modo, no funcionará porque va en contra de lo que su mente y su corazón saben que es cierto. Pero si lo hace conjuntamente con su prosperidad interior y su propósito en la vida, y además está compensada con metas realistas que son proporcionales a la cantidad de prosperidad interior que siente, tiene el éxito garantizado. Por ejemplo, si esa misma persona enferma, reconoce que está enferma y da los pasos adecuados para reequilibrar su salud a la vez que repite, «Estoy trabajando para lograr salud y bienestar», la afirmación será auténtica y contribuirá a crear una fuerza positiva que con el tiempo le conducirá a la estabilidad.

Siempre que una afirmación esté en sintonía con lo que el corazón sabe que es cierto, se creará un impulso que nos ayudará a cultivar la prosperidad interior. Sin embargo, la mayor dificultad a la que se enfrentan las personas es la de eliminar toda la basura y los pensamientos condicionados de su mente que bloquean su prosperidad interior. El equilibrio entre la prosperidad interior y exterior se logra intentando conscientemente erradicar los patrones mentales condicionantes, a la vez que respetamos la morada interna y los sueños del corazón.

Seguiremos explorando los diferentes tipos de temperamento y las constituciones físicas, cómo descifrar su significado y qué hacer con ello, y cómo sanar sus energías vibracionales para que puedas desarrollar la mejor versión de ti mismo. Comprender algunos conceptos básicos sobre el papel de la mente y el corazón en la curación te proporcionará una buena base para saber cuáles son las técnicas más apropiadas para ti. Sea cual sea la técnica que emplees, el secreto del éxito está en entender a tu mente y a tu corazón.

2

· · · · · · · · · · ·

Todo sobre la energía física

Hasta el momento hemos visto superficialmente lo que es la curación vibracional y su conexión con la mente, el intelecto, el corazón, y los sentimientos. Estos cuatro componentes se relacionan directamente con los aspectos de la mente y el alma de la tríada cuerpo, mente, y alma, e influyen, también de manera directa, en lo que sucede en el cuerpo físico. Son partes indispensables de la vida y de la salud, de modo que entenderlos mejor y conocer bien su funcionamiento contribuirá a que profundices en tu visión sobre tu viaje hacia la curación. En este capítulo veremos qué es la energía sutil, sus diferentes lugares de procedencia, y cómo cultivarla en nuestro interior. También revisaremos el cuerpo de energía sutil y cada uno de sus siete chakras principales, y los otros tres que son importantes para la salud y la curación. Con estos conocimientos podremos entender los fundamentos del temperamento individual y la constitución física, que abordaremos haciendo referencia a los gunas y a los elementos de la naturaleza.

La energía sutil: ¿qué es?

¿Qué es lo que otorga a las personas su aspecto, carácter, talentos, y deseos únicos? ¿Qué es lo que hace que cada persona sea única? Todo depende de la disposición interior y de los componentes básicos de la vida, que incluyen la energía sutil denominada prana o chi, y el cuerpo sutil, que está compuesto por los chakras, los gunas, y los cinco elementos. Empecemos por definir lo que es y lo que no es la energía sutil y cómo podemos conceptualizarla.

¿Has experimentado la energía sutil? ¿Has sentido alguna vez una sensación de torbellino en tus chakras o un cosquilleo en tus manos después de habértelas frotado? ¿Te han hecho alguna vez una sesión de sanación energética y después has notado que se había activado algo en tu interior, pero no podías describir qué era? Cuando era joven había sentido la energía sutil en cierto grado, pero mi primera experiencia notable fue cuando fui a un acupuntor. ¡Me fascinó que pudiera hacer que todo mi cuerpo vibrara con el mero hecho de ponerme unas finas agujas que atravesaban poco más que la piel! Realmente me hizo plantearme muchas cosas que nada tenían que ver con los conceptos convencionales de la salud y la curación. Cuando era niña no tenía ni idea de lo que era un chakra o la energía sutil, solo sabía que sucedía algo dentro de mí que era único y extraordinario.

A los veintipocos años me interesé por la energía sutil y los aspectos invisibles de la vida con el fin de profundizar en mi comprensión de la existencia. Lo resumiré de una forma práctica e informativa para iniciarte en tu propia búsqueda. El cuerpo sutil está formado por un sistema de canales de energía interconectados que componen el resto de nuestro ser, tanto físico como sutil. Estos canales o conductos de energía sutil suelen recibir el nombre de meridianos o nadis. Los Vedas, una de las escrituras más importantes de la India, dicen que existen 72.000 nadis diferentes (similares a los nervios) en el cuerpo. Los nadis o canales trabajan juntos transportando la energía sutil por todo el cuerpo y también son los conductos que forman lo que conocemos como chakras.

La energía sutil es la fuerza vital innata que todos tenemos. Se puede considerar vitalidad, motivación, impulso o cualquier otro tipo de concepto común. Es una fuerza sutil que rige todos los otros aspectos de la existencia —los procesos biológicos innatos, la facultad de autocuración que tiene el cuerpo, el carisma de una persona— y es el combustible que utilizamos para vivir nuestros sueños. La energía sutil suele recibir el nombre de chi o qi, o prana; *chi* o *qi* son las palabras en chino, y *prana* es su denominación en sánscrito. Ahora voy a definirlas para que cuando leas u oigas estas palabras en otro contexto, sepas que todas ellas se refieren a la misma energía subyacente.

Una de las preguntas habituales respecto a la energía sutil es su relación con kundalini. Kundalini es indudablemente energía sutil, pero no toda la energía sutil es kundalini. Existen muchas opiniones distintas respecto a las diferencias entre energía sutil y kundalini. Las personas las experimentamos de modo distinto según nuestra predisposición, temperamento, tradición espiritual o religiosa, carácter y deseos profundos, lo que hace imposible una única definición de lo que es kundalini; no hay dos personas que noten kundalini o la energía sutil de la misma manera. Para aclarar conceptos y facilitar el discernimiento interior, la diferencia más notable es el origen: la energía sutil se puede potenciar de muchas formas, internas y externas, mientras que kundalini solo se encuentra en la parte más profunda de nuestro ser. También hay diferencias tangibles entre ambas que se pueden detectar en las experiencias, pero éstas suelen resumirse en la intensidad de las mismas, pues las manifestaciones de ambas a veces son similares. Repito, kundalini es indudablemente energía sutil, pero no toda la energía sutil es kundalini. Aunque la energía sutil y la kundalini utilizan la misma energía, la fuerza motriz y la sustancia principal que gobierna el movimiento y procedencia de esta última es la eterna conciencia interconectada del Alma. Podríamos equiparar kundalini con la propia Alma y la forma en que Ésta mueve su conciencia unificada a través del cuerpo. El Alma como chispa de Dios y del yo, que es la forma microcósmica del universo macrocósmico, lo contiene todo en su interior como parte del mismo. Por consiguiente, no necesita ninguna otra fuente de energía. La experiencia de kundalini puede ser muy intensa, puesto que es una forma pura y no adulterada de un poder que no se puede comparar con ninguna otra cosa. Algunas personas la sienten con una intensidad increíble, ¡gozosa y extática! Otras tienen una experiencia bastante dolorosa, que les despierta grandes temores y enfermedades físicas reales. Todo depende de lo que haya almacenado en el cuerpo sutil.

No todos los cuerpos sutiles son iguales, como podemos observar cuando las personas se enfrentan a problemas derivados de la energía kundalini. En la práctica, todos tenemos los mismos componentes, los mismos conductos nadi, chakras, y sistema de cuerpo sutil general, pero el funcionamiento de ese sistema es único para cada persona. El cuerpo sutil puede ser fuerte y robusto o débil y frágil. Se puede reforzar a través de la práctica o debilitar a través de la negligencia o los cuidados personales inapropiados. También se puede ensuciar con el tiempo y bloquearse en diferentes partes impidiendo el libre flujo de la energía por ellas. Para que el cuerpo sutil goce de una salud emocional, física y espiritual óptima ha de estar fuerte y en buena forma. Las personas que quieren desarrollar habilidades psíquicas o de sanación han de tener un cuerpo sutil fuerte.

Imaginemos que el cuerpo sutil es una bombilla y la energía sutil la corriente que la ilumina. Si tenemos una bombilla de 110 voltios para una corriente de 220, al conectarla a la misma se fundirá. Sin bombilla, la electricidad no tiene forma de expresarse y brillar en forma de luz. Intentar comprender la energía sutil y trabajar con ella a través de un cuerpo sutil débil, es como intentar conectar una bombilla de 110 a 220 voltios: no funcionará y nos causará problemas. Cuando el cuerpo sutil de una persona está embrutecido debido a los bloqueos, es como una fregadera embozada: hay que limpiar las cañerías para que pueda correr el agua. El agua y la electricidad son buenas analogías para comprender cómo fluye la energía sutil a través del cuerpo sutil, ¡puesto que ambas son diferentes expresiones de la energía sutil! Esta última puede presentar distintas características según las intenciones, objetivo y fuerza de voluntad de una persona. También se expresará de forma diferente en las distintas partes del sistema cuerpo, mente, y alma. ¡Unas veces es suave y refrescante y otras caliente, fogosa y eléctrica!

La energía sutil puede recibir distintos nombres según la zona del cuerpo en que se aloje y la función que desempeñe, pero en realidad siempre se trata de la misma sustancia esencial. Tomemos como ejemplo la luz solar. La luz solar contiene el espectro visible del arco iris, aunque normalmente no veamos los distintos colores o frecuencias cuando están combinados formando la luz del sol. La energía sutil también tiene muchas frecuencias diferentes de energías que se combinan para formar una sola corriente de energía sutil. La energía adopta diversas frecuencias a través de la percepción y de la intuición (como los distintos rayos del sol) y adquiere su personalidad única. Esto lo entenderemos con mayor claridad cuando veamos los chakras y las distintas fuentes de energía que contienen.

Resumen de los chakras

Los chakras son centros de energía que tenemos en nuestro cuerpo, que se forman a raíz de la convergencia de la energía sutil. Los nadis del cuerpo sutil transportan la energía de un lugar a otro, cruzándose entre ellos y formando una compleja red de conductos que lleva la energía a todas las partes del cuerpo. Los principales puntos de intersección de los nadis son lo que denominamos chakras. Cualquier lugar del cuerpo donde se crucen muchos puntos de energía, quizás miles, será una zona poderosa que afectará a todos los planos de nuestra existencia incluidos el cuerpo, las emociones, la mente y el alma. Técnicamente, el alma es impenetrable e inmutable, pero nuestra percepción de la misma, y nuestra capacidad para acceder a ella y para dejarla actuar en armonía con el cuerpo, la mente, y las emociones sí puede verse alterada dependiendo de cómo sea el flujo de energía en el cuerpo sutil y en los chakras en particular.

Hay cientos de libros sobre la estructura de los chakras, los mantras y todo lo que quieras saber, por lo tanto, hablaré solo de su estructura básica (con el fin de visualizarlos) y me dedicaré más a la conciencia y al temperamento que corresponde a cada uno de estos centros de energía. Cada chakra es único, y cuando todos trabajan juntos, la persona está unificada. Cuando los chakras no están en armonía, no están equilibrados o tienen bloqueos que impiden el libre flujo de la energía a través de ellos, los estados de ánimo, el temperamento, la conducta e incluso la salud física de la persona pueden verse afectados.

Los chakras se representan tradicionalmente como figuras de flor de loto, cada uno de ellos con un número distinto de pétalos. Los pétalos de los chakras representan las diferentes facultades de la mente o de los centros del cerebro, conocidos también como dalas. La analogía de la flor es hermosa porque nos recuerda que para cultivar la prosperidad interior de la que ya hemos hablado, la belleza y la admiración son un factor esencial. Cada uno de los pétalos de los chakras es el centro de un tipo de energía única. Los seis primeros chakras de nuestro cuerpo tienen un total de cincuenta pétalos, cincuenta emanaciones distintas de energía. Estos cincuenta pétalos se repiten veinte veces cada uno en el chakra de la parte superior del cráneo, para formar el conocido loto de los mil pétalos de la cabeza. El chakra coronario contiene los mismos dalas que se encuentran en los seis primeros, pero su funcionamiento depende de un lugar donde todas las energías están armonizadas y actúan a la vez, como parte de un todo. Cada una de las veinte repeticiones de los dalas aumenta su frecuencia de energía, ampliando su potencia en el chakra coronario. El hecho de que el chakra coronario, normalmente considerado la sede de la iluminación espiritual, no contenga nada diferente, sino los mismos tipos de energía que hallamos en los seis chakras principales del cuerpo sutil, nos vuelve a indicar la unidad de todo lo que somos y albergamos. El chakra coronario no puede ser totalmente funcional, estar abierto y receptivo, hasta que todo lo que contiene (que es todo lo demás que hay en nuestro cuerpo) funcione desde ese centro de unidad y armonía.

Todos los chakras tienen mantras o frecuencias vibratorias sonoras que se corresponden con sus energías. Los primeros cinco chakras tienen también los elementos correspondientes que se relacionan con nuestras percepciones sensoriales de la vida. Me centraré en los conceptos menos comunes de cada uno de ellos, pero que son imprescindibles para la salud, el bienestar y para comprender quiénes somos realmente.

Muchas personas no pueden sentir directamente su cuerpo sutil. Hemos de aprender a desarrollar y a utilizar la energía sutil, pues no basta con tener un conocimiento intelectual de la misma. Hablar de conceptos complejos sobre los chakras que solo unos pocos que cuenten con una extensa práctica espiritual y de meditación serán capaces de experimentar, excluye a muchas personas que simplemente pretenden conectar consigo mismas. Y aunque podría aportar mucha información sobre los chakras, a menos que una persona los experimente por sí misma y sepa cómo utilizar su energía sutil, no le servirá de mucho.

Una buena forma de que una persona empiece a comprender su energía sutil es conocer sus gunas (sattva, rajas, y tamas) y su constitución elemental (tierra, aire, fuego, agua, y éter) a través de la experiencia directa. En este contexto los gunas se refieren directamente al temperamento y al carácter personal, mientras que la constitución elemental se refiere a las tendencias que rigen el estilo de vida y a la constitución física. La experiencia directa es cuando eres capaz de identificar qué gunas o elementos predominan en un momento dado de tu vida. Cuando tenemos la experiencia directa del temperamento o de la constitución física, podemos seguir las recomendaciones para profundizar en un proceso de aprendizaje integrado. Si nos dedicamos a conocer y a descubrir nuestro propio temperamento, podemos discernir qué es lo que nos caracteriza; este proceso de aprendizaje integrado nos hace ser conscientes de la sabiduría interior, cuya función es eliminar el falso conocimiento.

Te voy a poner un ejemplo personal. Me gusta la actividad y la marcha, pero también me encanta el hogar y el recogimiento.

Mi intelecto se alimenta de contemplación e indagación. Me gusta la buena comida y la buena compañía, con moderación. Me gusta estar sola, con moderación. Me gusta la naturaleza y el invierno y el sonido del fluir del agua. Me encantan las fragancias y las pasiones básicas de la vida. Me gusta la música, cantar y bailar. Soy una persona flexible y sé escuchar, pero cuando me propongo hacer algo, lo hago hasta el final con total concentración y dedicación. Valoro lo sagrado por encima de todo. Gracias a saber todas estas cosas acerca de mí y después de varios años de contemplación y aprendizaje, he llegado a la conclusión de que soy una persona en la que predominan mucho la tierra, el fuego y el éter, tanto en el temperamento psicológico en lo que respecta a los gunas, como en mi constitución física y mis tendencias en lo que respecta a los elementos. Explicaré con más detalle estos atributos en el capítulo 3, cuando aborde el tema de los gunas y de los elementos.

Ahora veamos los chakras y cómo se relacionan con el temperamento y la constitución. Cuando entiendas la esencia de tu temperamento, podrás trabajar eficazmente con la energía de cada chakra para encontrar el equilibrio, la prosperidad interior, y la vitalidad.

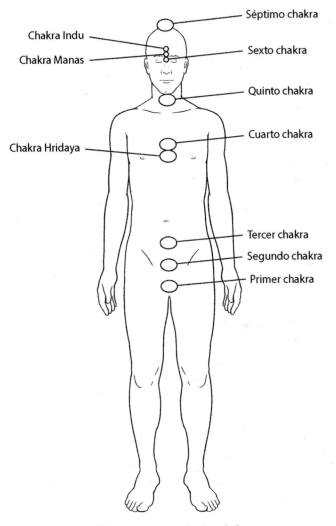

Séptimo chakra

Chakra Indu

Chakra Manas

Sexto chakra

Quinto chakra

Cuarto chakra

Chakra Hridaya

Tercer chakra

Segundo chakra

Primer chakra

Figura que muestra los diez chakras.

Primer chakra (Muladhara) Base raíz

El primer chakra se encuentra en la base de la columna vertebral en la zona genital. Normalmente se le conoce como el primer chakra, chakra raíz o por su nombre Muladhara. *Muladhara* significa «soporte básico» y eso es justamente lo que aporta la energía de este chakra: los cimientos para todos los aspectos de la vida. Se le considera la sede del alma, de la kundalini y el lugar en el cual podemos crear una buena base. Cualquier cosa que se construya en la vida con el fin de que sea estable, tanto si es una casa como una idea, ha de tener unos buenos cimientos. ¿Qué podemos construir sin cimientos? Cualquier cosa que se construya sobre unos cimientos frágiles se desplomará como un castillo de naipes. La solidaridad de este chakra recibe el apoyo de su elemento correspondiente, que es la tierra.

Los pétalos de este chakra se relacionan con las pasiones primarias de la vida. Si aparentemente no existen, se manifestarán como necesidades; si están presentes e integradas en nuestro estilo de vida saludable, las experimentaremos como alegría, incluso júbilo. Las pasiones primarias de la vida incluyen la comida, porque mucha de la energía sutil necesaria para sobrevivir procede de la comida; el sexo, puesto que el sexo es relajante y procrear es necesario para la supervivencia de la raza humana; dormir, porque hace falta dormir para curarse y estar integrado; y, por último, la paz, porque la paz es esencial para sentirse conectado con el universo. Nadie puede sentir la conexión total con el alma o con el universo si no tiene paz en su interior que le ayude a desterrar las dudas y la discordia. Este tipo de paz no significa ser de tendencia o carácter pacífico, sino sentirse seguro en la vida y lo que eso conlleva. Esta paz firmemente arraigada es la que generan las personas más dinámicas y audaces del mundo.

Aunque la vida tiene una amplia escala de grises en las situaciones y percepciones complejas, el modo en que nos relacionamos con nosotros mismos respecto a nuestras pasiones básicas y energía del chakra raíz, ha de ser lo más blanco o negro posible. No es viable tener puntos de vista ambiguos cuando queremos crear una base sólida en nuestra vida. El elemento tierra corresponde al chakra raíz y es sólido y fijo, pero también es un terreno fértil donde se puede cultivar. Puesto que éste es un chakra de cimientos y el pilar de la vida, se le considera la morada de aquello que una persona ha venido a hacer a este mundo y de la vocación, es decir, lo que se conoce como dharma. Si el dharma no se vive desde el chakra raíz ni se nutre a través del mismo, no puede crecer ni desarrollarse en ninguna otra parte del cuerpo sutil o de la vida.

Para que la energía fluya bien por este chakra, ha de existir un equilibrio básico entre los impulsos biológicos y el propósito en la vida. Cuando las expresiones primarias están equilibradas y la persona sabe cómo controlarlas, haciendo que trabajen todas juntas, en lugar de que cada una vaya por su lado, el chakra raíz puede funcionar bien y de manera completa. Para mí es como el abecé de la vida. Dormir demasiado conduce a la inercia y a la pereza; no dormir suficiente al cansancio y al agotamiento. Demasiada comida engorda y provoca enfermedades, no comer suficiente nos deja sin energía, y así sucesivamente. El tema del sexo depende de muchos otros factores que no se pueden tratar a la ligera. La paz no se puede experimentar hasta que estos otros tres aspectos (la relación con el sueño, la comida y la sexualidad) estén equilibrados.

Debido a la estrecha conexión del primer chakra con el dharma y el destino en la vida, con unos cimientos fuertes y con la poderosa energía del alma, también se considera que es el lugar donde se crean o eliminan obstáculos. Aunque sería estupendo que en este chakra reinara la solidez y la claridad desde el primer día de nuestra vida, las cosas no siempre son así. Cultivar la confianza necesaria para descubrir y realizar nuestra vocación personal en la vida y construir este tipo de cimiento fuerte conlleva tiempo y trabajo interior. El primer chakra es el punto de partida para establecer intenciones claras y hábitos saludables, pero también es una meta en sí mismo. Uno de los últimos logros que se obtienen del equilibrio entre el cuerpo, la mente y el alma es tener una buena base que nos respalde en todo lo que hacemos en la vida, incondicionalmente, en todas las situaciones. Cuando el primer chakra se convierte en una fuente de apoyo sin tener que invertir una cantidad excesiva de energía para conservar su armonía y buen funcionamiento, podemos alcanzar cualquier cosa que nos propongamos

Las modalidades basadas en el temperamento (guna) como veremos en el capítulo 6, son buenos puntos de partida para trabajar con la energía del primer chakra. El temperamento y nuestra misión en la vida son lo que generan una energía fuerte y equilibrada en el primer chakra. *En el capítulo 6, también encontrarás la «Técnica para cultivar la prosperidad interior», que te ayudará a sentar una base sólida desde la cual podrás desarrollarte a partir del primer chakra.*

Segundo chakra (Svadhisthana) La morada del yo

El segundo chakra de nuestro cuerpo se encuentra por encima de la zona genital, en la región inferior del abdomen, debajo del centro del ombligo. Se le conoce como chakra *Svadhisthana*, que significa «la morada del yo». Aunque el alma no reside en el segundo chakra, hay una serie de razones por las que la forma en que la percibimos y percibimos la vida sí está conectada con el mismo. Todo lo que existe lo vemos siempre a través del filtro de la percepción, por tanto las percepciones de una persona han de ser claras para estar equilibradas, ser saludables y poder realizarlas. Las percepciones proceden de los sentimientos y de la mente, como hemos visto con anterioridad. La mente está bajo la influencia de los patrones mentales y el contacto sensorial a través del olfato, el gusto, la vista, el tacto y el sonido, que se corresponden directamente con los elementos. El segundo chakra es único en cuanto a que contiene las vibraciones de todos los elementos en su interior, excepto el éter, para enseñarnos cómo hemos de sentir y experimentar la vida.

El segundo chakra también se relaciona con los conceptos de pureza del yo y la fortaleza innata que aporta la pureza. La pureza es un concepto que se relaciona específicamente con la persona, no se refiere a una idea fija sobre lo puro o lo impuro. Se trata de cómo nos relacionamos con nuestros aspectos únicos, con nuestra constitución elemental única, nuestro dharma, nuestro temperamento y el conjunto de nuestras experiencias de la vida. Si alguna de estas partes no se relaciona adecuadamente, habrá bloqueos energéticos en el segundo chakra. Si las experiencias e impresiones sensoriales de la vida han hecho que una persona se desconecte de su yo interior, esto se reflejará mediante bloqueos en la energía de este chakra. El segundo chakra también está muy relacionado con la capacidad de fluir, debido a su conexión con el elemento agua.

Para entender mejor lo que quiero decir con el concepto de pureza, imaginemos un niño pequeño o un bebé. Los bebés lloran cuando son desgraciados o necesitan algo y ríen cuando son felices. Los niños dicen exactamente lo que quieren («Quiero helado ahora») sin pensárselo dos veces. Es una expresión totalmente pura e imparcial de lo que sienten sin pasar por ningún filtro mental. Eso es lo que significa pureza del yo, sin filtros para expresarse con autenticidad. Los niños no se sienten incómodos ante una situación hasta que les enseñamos a sentirse así. Los niños no sienten vergüenza hasta que la aprenden de alguien. Esto significa que los niños están siempre en el presente y que no les afectan los patrones de pensamientos que hay en la mente. Son ellos mismos y actúan desde el corazón, sin interferencias de la mente o de la razón. A los adultos nos resulta difícil debido a los patrones y condicionamientos mentales aprendidos a los que todos nos enfrentamos; los condicionamientos mentales son los que contaminan nuestras percepciones de la vida y de la pureza del yo.

Cuando interfieren la mente y los patrones de pensamiento, cambian las percepciones del yo y la forma en que una persona se relaciona con su naturaleza innata y con su dharma. Debido a esta conexión entre percepción y patrones de pensamiento, se dice que el segundo chakra es la sede del subconsciente. Las percepciones son los reflejos de las experiencias que hemos acumulado en la vida. Uno de los grandes potenciales del segundo chakra es la de hacernos flexibles, para poder integrar cosas nuevas en nuestra realidad y llegar a ser lo que queremos ser.

La fortaleza y la pureza del yo están íntimamente conectadas, ya que cuando se cuida adecuadamente lo que es puro en sí mismo, con el tiempo llega a ser fuerte y sólido. Si refuerzas tu propia esencia, crecerás. No obstante, si alimentas percepciones falsas respecto a ti mismo, desarrollarás falsas percepciones. Tu vida es un jardín donde cultivar el ser y la percepción; si no eliminas las malas hierbas, éstas crecerán junto a tus flores y ensombrecerán su belleza. Para que un jardín crezca sano, hay que eliminar todos los hierbajos, a fin de que las flores puedan obtener todos los nutrientes y la atención necesaria para brotar. Para crecer interiormente, has de arrancar los hierbajos de las percepciones falsas para que éstas no obstaculicen el flujo ni la manifestación de tu verdadero yo. Hace falta fortaleza para acabar con todo aquello que intenta impedir la expresión de tu verdadero yo, de modo que para ser puramente tú mismo, también necesitas fuerza.

Debido a su conexión con su naturaleza fluida, el agua, y su receptividad a las experiencias de la vida, el segundo chakra es un buen lugar para que tu yo establezca unos límites saludables y claros. Los límites, imprescindibles para tener una percepción clara de uno mismo, son la forma en que se expresa la fortaleza en este segundo chakra. Si no sabes poner límites, eso significa que pueden influir en ti fácilmente los pensamientos y los sentimientos de otras personas, haciendo que cambies tus propios sentimientos y percepciones de la vida. Cuando los límites del segundo chakra no son fuertes y tus sentimientos se confunden con los sentimientos y percepciones de otras personas, es difícil saber quién eres realmente y en qué crees. La individualidad y la claridad respecto al dharma se consiguen sabiendo poner unos límites saludables. Los límites crean tu propio vehículo cuerpo-mente, su relación con las experiencias de la vida y la forma en que lo percibe el alma. ¿Te sientes capaz de conocer y vivir tu dharma? ¿Tienes claro el propósito de tu vida, lo que te gusta y lo que no, y tus deseos, o estos sentimientos fluctúan según lo que estés haciendo o con quién estés? Si observas que tus sentimientos y percepciones cambian frecuentemente o no son claros, es porque has de fortalecer la energía del segundo chakra y poner unos límites sólidos. Las experiencias negativas, el dolor y la violencia afectan a este chakra y hay que dedicar mucho esfuerzo y atención para restablecer su correcto funcionamiento. ¿Eres una víctima o eres como un lienzo en blanco donde puedes crear tu propia realidad?

La naturaleza fluida del segundo chakra reside en sus energías creativas. Todos podemos crear nuestra realidad aprendiendo los ciclos y las energías de la creación, la conservación y la disolución. Toda sanación se produce gracias a nuestra capacidad de cambio, ya sea dirigiendo una zona afectada hacia un estado de plenitud creando y manteniendo una energía nutritiva, o bien destruyendo alguna manifestación negativa que enturbia el bienestar. En ambos casos se necesita fluidez, cambio y estar conectado con la esencia primigenia del yo. Es necesario dejar ir lo viejo y lo doloroso y dar la bienvenida a la plenitud y a lo que nos aporta cosas positivas. Puesto que la vida no será siempre un camino de rosas, la capacidad de fluir y de cambiar nuestras percepciones nos ayudará a ver lo bueno de cada situación y a olvidar lo malo lo antes posible. La tendencia a la preocupación y a la tristeza indica debilidad en el segundo chakra y nos señala dónde hemos de aprender a fluir y a aportar prosperidad interior a nuestra existencia.

Hemos visto las pasiones primarias de la vida relacionadas con el primer chakra. En el segundo chakra es donde estas pasiones adquieren una forma y un carácter personal según las experiencias que tenga cada individuo en su vida. Las pasiones, junto con el temperamento, la constitución física (los gunas y los elementos de los que hablaremos en el capítulo 3), y las experiencias personales crean aquello en lo que se convierte una persona. La fluidez del segundo chakra nos ayuda a curarnos, a cambiar, a crecer y a saber afrontar todos los aspectos de la vida. Unas buenas fronteras nos ayudan a conocernos bien y a erradicar los sentimientos que no nos favorecen. La combinación de saber poner límites a la vez que sabemos fluir, constituye un perfecto equilibrio para afrontar todas las experiencias de la vida y utilizarlas de forma positiva para descubrir qué es lo que queremos y poder dedicarnos a desarrollar nuestra vocación.

En el capítulo 6 expongo métodos y técnicas para el elemento agua,
que te serán muy útiles para trabajar con la energía de este segundo chakra,
como la «Técnica de purificación con el elemento agua».

Tercer chakra (Manipura) La ciudad de las gemas

El tercer chakra se sitúa en el ombligo. Se le conoce bajo el nombre de *Manipura*, que en sánscrito significa «ciudad de las gemas». Es la sede del elemento fuego, de la fuerza de voluntad, del poder personal, y del deseo. También está conectado con el sentido de la vista. Como chakra donde se reúne la mayor concentración de energía sutil, envía el prana (fuerza vital) a otras áreas del cuerpo y aporta energía sutil a la totalidad del mismo cuando la necesita. Las personas con mucho carisma suelen tener un tercer chakra muy potente. Los sanadores saben cómo utilizar y dirigir esta energía para curar a los demás y para autoconservarse sanos, positivos y equilibrados.

¿Has sentido alguna vez náuseas o que se te revolvía el estómago después de que alguien dijera o hiciera algo que te sentara mal? Esto se debe a que tu sentido de poder personal y de autocontrol se ha visto afectado en el tercer chakra. Este chakra te aporta todo lo que deseas en la vida. Aquí es donde lo que está sucediendo con las energías sutiles de una persona empieza a manifestarse en el mundo físico. La cantidad de energía de este chakra es un indicador de cómo es tu vida. Las personas que tienen éxito saben cómo utilizar su fuerza vital y sus deseos para lograr todo lo que desean conseguir en la vida. Cuando la energía sutil está alimentada por la intención, suceden cosas y se manifiestan deseos. Las personas que no triunfan no tienen unas metas y unos deseos claros. Cuando hay muchos deseos, ninguno recibe la fuerza de la intención y la concentración necesarias para que se hagan realidad.

Como vimos en el segundo chakra, una persona conseguirá lo que desea realmente en la vida según su grado de equilibrio interior y lo que haya desarrollado su personalidad. Cuando todas estas energías trabajan y fluyen sin obstáculos, el deseo sintonizará espontáneamente con el potencial principal de la persona y con su dharma.

Cuando hay temores u otras emociones negativas, los objetivos del dharma quedan relegados y la energía pránica de la persona se concentra en otros deseos menos importantes. Las tres limitaciones principales de los tres primeros chakras son la codicia, la lujuria y el egoísmo, respectivamente. Cuando cualquiera de estas tres o todas ellas consumen los pensamientos de una persona, la energía actuará para satisfacerlas, en vez de cumplir el propósito de su vida.

Cuando un deseo de cualquier índole está bloqueado, aparece la ira. Las personas irascibles siempre tienen algún tipo de bloqueo en el tercer chakra. El miedo es otra de las características negativas que se almacenan en este chakra y que impide el desarrollo en cualquier nivel. En los tres primeros chakras es donde encontramos los principales bloqueos energéticos, porque son los que afectan directamente a la forma en que las personas se relacionan consigo mismas y con el mundo en general. Son las grandes lecciones de la vida y puede que necesitemos mucho tiempo para aprenderlas. Cuando el tercer chakra funciona correctamente, las personas son positivas, optimistas, carismáticas y líderes por naturaleza. Las percepciones de la negatividad interior son tan nimias que quedan ocultas fácilmente por su perspectiva positiva. Las personas que tienen bien desarrollado su tercer chakra verán cumplidos sus objetivos en la vida, aunque estos no sean lo que más les convenga. Para asegurarnos de que los deseos están en sintonía con nuestro dharma, es necesario que las energías de nuestros tres primeros chakras estén en equilibrio y armonía.

El nombre Manipura, o ciudad de las gemas, hace alusión al potencial infinito que encierra este centro de energía y que podemos utilizar para cosechar los mayores éxitos de nuestra vida consiguiendo que se cumplan todas nuestras metas. Todos tenemos dificultades, así es la vida. Los triunfadores también las tienen, quizás más que las personas normales y corrientes, pero su éxito se debe a su forma de afrontarlas. Toda dificultad se puede superar con el conocimiento correcto y las acciones adecuadas, y quizás lo más importante, con la actitud correcta del poder personal. Cuando te sientes fuerte siempre encuentras la manera de superar cualquier dificultad. Con semejante cantidad de energía pránica, el tercer chakra es esencial en la curación. Si diriges correctamente este flujo de energía, es más que probable que consigas curarte y curar a los demás.

Trabajar con técnicas que se relacionen con el guna rajas y el elemento fuego, va bien para estimular el tercer chakra; ambas las abordaremos en el capítulo 6. *La «Visualización para cultivar la energía sutil» es una buena técnica interior para empezar.* Si practicas yoga o alguna otra forma de trabajo corporal, las técnicas que se concentran directamente en la zona abdominal y en el ombligo estimularán la energía del tercer chakra. Hacer ejercicio es una buena forma de trabajar esta energía y de sentirla físicamente.

Cuarto chakra (Anahata) El sonido no percutido

El cuarto chakra se conoce con el nombre de *Anahata*, que en sánscrito significa «no percutido» y se relaciona con el sentido del tacto. Muchas personas piensan que se trata del chakra del corazón, pero no es así, hablaremos del chakra *Hridaya* (chakra del corazón) más adelante, en este mismo capítulo. El chakra Anahata es el lugar en el cuerpo sutil donde convergen energías, que conducen a infinitas posibilidades y a la posibilidad muy real de estar totalmente en sintonía con el universo externo y con el propio universo interior. Cuando lo externo y lo interno trabajan juntos, hay un potencial infinito para crear, expresar y estar en sintonía con el propósito de nuestra vida.

El cuarto chakra es un punto de encuentro. Es donde verás, experimentarás y percibirás la información que se acumula en todos los chakras inferiores y en los superiores. En este centro de energía se fusiona todo lo que eres y puedes percibir todo tu potencial. La voz silenciosa de la intuición habla desde este chakra; cuando una persona aprende a utilizar su energía, el conocimiento adquiere una nueva dimensión. En vez de memorizar y asimilar información de fuera, de los libros o de las personas, el conocimiento se manifiesta espontáneamente como sabiduría interior.

El verdadero conocimiento no es erudición. La erudición puede estimular la sabiduría interior que todos llevamos dentro, pero esta última procede del silencio, la calma y la energía potencial que representa este cuarto chakra. Anahata significa sonido no percutido; esto es muy significativo, porque cuando un sonido es audible, es una frecuencia de energía creativa que se mueve en una dirección específica para lograr un objetivo específico. El sonido no percutido se refiere al potencial interior. La energía potencial se encuentra en estado latente y necesita un catalizador para manifestarse. Solo cuando eres capaz de percibir con claridad cuál es tu potencial en la vida puedes actuar adecuadamente para desarrollarlo.

Cuanto más profundizamos en este centro de energía, más conectamos con nosotros mismos y con todo el universo. Cuanto más conectados estamos con el potencial infinito del universo, más gratitud, humildad y prosperidad interior podremos desarrollar gracias a él. Si cuidamos bien de los tres primeros chakras, es más fácil que podamos transformar en una realidad práctica y tangible la energía potencial que percibimos aquí. Para poder ahondar en cualquier centro de energía (todos los chakras son centros de energía específicos), hemos de aprender a utilizar nuestros pensamientos, sentimientos y toda nuestra conciencia en la frecuencia de energía concreta con la que queramos trabajar. Del mismo modo que las perlas se encuentran sumergiéndose en las profundidades del mar (no están flotando en la superficie del agua), hay que buscar con ahínco y profundizar en la energía de cada chakra para encontrar las perlas metafóricas de su sabiduría interior. *En el capítulo 6 encontrarás la técnica de «Visualización para arraigar la energía», que te ayudará a cultivar la habilidad de sentarte en silencio y profundizar en cualquier centro de energía que desees trabajar. También aprenderás la «Técnica para cultivar la intuición y la conciencia sutil».* Los beneficios de profundizar en la energía del cuarto chakra son la sabiduría interior espontánea y la agudización de la intuición que experimentamos gracias a su energía.

Los chakras que están por debajo del cuarto chakra están relacionados con las experiencias y el trabajo exteriores. Los chakras inferiores se encargan de nuestra relación con nuestro cuerpo y nuestras emociones, de nuestra relación con el dinero, con la sexualidad, con otras personas, con el poder personal, etcétera. Por encima del cuarto chakra es donde empezamos a incorporar las lecciones aprendidas de las experiencias de la vida, integrándolas en ámbitos de percepción más sutiles, donde podemos entender cómo influye la vida en nuestros pensamientos, sentimientos y demás. Puesto que la fuerza del cuarto chakra reside en la fuerza de sus componentes (es decir, todo lo demás y todos los centros de energía), es importante seguir un estilo de vida equilibrado que dé igual importancia a los chakras que están por debajo como a los que están por encima de éste. Muchas veces, cuando las personas se inclinan por la espiritualidad, hacen demasiado hincapié en la meditación y en cultivar los chakras superiores y muy poco, o ninguno, en trabajar los tres inferiores. Esta visión descompensada genera muchos problemas y la incapacidad de llevar a cabo externamente lo que se ha percibido en el interior. Cuando las personas viven en sus chakras superiores, la vida se queda en una mera posibilidad que nunca se plasma en el ámbito de la experiencia del mundo material. Esto encierra un gran peligro, porque ser consciente de algo es muy distinto a vivirlo. Son las acciones las que cambian nuestro mundo y el de las personas que nos rodean, no nuestro estado de conciencia.

El cuarto chakra se puede trabajar directamente a través de la meditación, puesto que la meditación afecta a nuestro estado de conciencia y nos ayuda a serenarnos, nos permite tener una percepción más clara de las cosas. No cabe duda de que la meditación beneficia a todos los chakras, pero la mayor parte de nuestra experiencia directa procede de Anahata. Puesto que este chakra es un punto de reunión de todas las demás energías y la esencia que buscan la mayoría de las personas para tener percepciones claras de este mundo y de los planos sutiles, es de suma importancia que desarrollemos una práctica equilibrada, integrada, espiritual y de estilo de vida que sirva por igual al cuerpo, a la mente y al alma.

Quinto chakra (Vishuddha) El centro de purificación

El quinto chakra se conoce como *Vishuddha*, que en sánscrito significa «centro de purificación» y corresponde al elemento éter, que representa el espacio. Su sentido es el oído. Se sitúa en la zona del cuello, justo debajo de las cuerdas vocales. Este chakra es el centro de purificación del cuerpo. Se relaciona con el habla y el oído y está intrínsecamente vinculado a la corriente de sonido que atraviesa el éter. El sonido y el mantra son grandes agentes purificadores y poderosas frecuencias vibratorias que pueden ser muy curativas.

La conciencia que encierra la energía de este chakra puede enseñarnos grandes lecciones. Todos los días oímos cosas. Todos los días hablamos, salvo que tengamos alguna discapacidad que nos impida oír o hablar. Tanto lo que oímos como lo que decimos influye en nuestra conciencia, en nuestros pensamientos, y en el estado de salud general. El quinto chakra es como una puerta a través de la cual dejamos entrar al mundo exterior a nuestra conciencia, y por la cual ésta sale al mundo exterior.

Representa nuestra capacidad para filtrar y purificar lo que oímos y decimos, de modo que lo que es oído y hablado pueda tener un efecto positivo en las emociones. Una persona con una energía fuerte en el quinto chakra aprende a no dejarse influir ni por las críticas, ni por los halagos de otras personas, y además tendrá la facultad de transmitir positividad y de curar a los demás a través de su habla. Esto se debe a que ha purificado su estado emocional interior y, gracias a ello, los demás ya no tienen poder para alterar sus creencias y sentimientos respecto a sí misma. Cuando nos damos cuenta de que nos afecta lo que nos dicen los demás o lo que dicen respecto a nosotros, es que hemos de trabajar este chakra.

Este chakra filtra nuestra forma de relacionarnos con lo que llega a nuestra conciencia, a la vez que tiene la energía para purificar y liberar lo que ya hay dentro de nosotros. El quinto chakra permite la purificación del segundo y de los estados emocionales de dos formas: no permitiendo que las percepciones u opiniones de los demás alteren nuestro concepto sobre nosotros mismos, y utilizando la veracidad y la sinceridad en el habla para sanar las heridas emocionales. Al decir nuestra verdad, expresamos nuestros sentimientos al universo y los liberamos para que regresen a él. Embotellar pensamientos y sentimientos estanca la energía interna; comunicarnos abierta y sinceramente es una gran fórmula para la curación mental, emocional e incluso física.

Cuando un sentimiento o una emoción no encuentran una vía de expresión, su energía queda confinada en el cuerpo. La comunicación deficiente es uno de los mayores problemas a los que se enfrenta una persona en su viaje de sanación. La energía se estanca por nuestra incapacidad para comunicar adecuadamente lo que está sucediendo. Recomiendo a todo el mundo, a todas las personas sin excepción, que tengan a alguien con quien hablar. Puede ser un amigo o un pariente, pero un asesor profesional o un pastor de alguna iglesia es aún mejor, porque saben cómo responder de maneras constructivas. Todo lo que una persona sea capaz de exteriorizar acabará perdiendo el poder que tenía sobre ella. Todo lo que no sea capaz de expresar acabará destruyéndola. Todas las enfermedades mentales y los trastornos emocionales crónicos empiezan cuando alguien es incapaz de comunicar eficazmente lo que le está pasando o no se siente escuchado por la persona con la que intenta comunicarse. Ser escuchado es tan importante como ser sincero; una persona necesita sentirse escuchada para recobrar su equilibrio interior.

Nuestras palabras están siempre vinculadas de algún modo a nuestro estado de ánimo. Cuando una persona puede ser clara y directa en sus hábitos de comunicación, es el instrumento más potente y sencillo que puede utilizar para lograr bienestar. La fortaleza y la pureza que se cultivan en la energía del segundo chakra facilitarán la comunicación directa y clara en la vida, y, a su vez, la comunicación clara ayudará a reforzar y a purificar el segundo chakra del estancamiento emocional.

Debido a su aspecto de purificación, este chakra es también el lugar de la conciencia donde se revisan y trabajan las ideas preconcebidas sobre la pureza. Los conceptos de bueno y malo, claridad y oscuridad, dejan de ser ideas con una definición clara, puesto que al fin y al cabo, nuestras definiciones están bajo la influencia de nuestros pensamientos y experiencias, no bajo la de la percepción pura.

A medida que vayamos trabajando este chakra, nuestra conciencia irá cambiando sus conceptos de la vida en general y los convertirá en un complejo entramado de matices sutiles. Cuando aprendemos a trascender el aspecto superficial de las cosas y dejamos de verlas como blancas o negras, podemos percibir la profundidad e intencionalidad que se oculta tras ellas. Ser capaces de ver la profundidad que tienen todas las cosas equivale a purificar toda nuestra vida. El quinto chakra puede ayudarnos a hacerlo, concretamente, ayudarnos a comprender lo que es bueno o malo para nuestro dharma individual y nuestro destino.

Las personas que trabajan mucho con la energía de este chakra suelen ser transgresoras y desafiar las normas de la sociedad en su afán de hacer las cosas a su manera. Llegan fácilmente al fondo del asunto y les preocupa más la esencia que la fachada. Tampoco son dadas a los juegos de palabras. Este tipo de personas suele dedicarse a la enseñanza o estar en puestos de mando gracias a su claro estilo de comunicación y a su forma directa de afrontar la vida. La persona que utiliza la energía de este chakra se comunica consigo misma y con los demás de una manera clara, eficaz y honesta. La repetición de un mantra (de cualquier mantra) también abre la energía del quinto chakra. *Puedes probar la técnica de «Visualización sobre el espacio infinito» del capítulo 6.*

Sexto chakra (Ajna) El centro de mando

El sexto chakra se conoce como Ajna y solo tiene dos pétalos, que representan la unión de las dos polaridades de la vida. Puesto que éste es un centro de mando, es el lugar desde el cual podemos dirigir nuestra realidad. En este centro de conciencia, la diversidad se vuelve unidad. Lo masculino y lo femenino son uno, la luz y la oscuridad son la misma cosa, y aprendemos a ver que en la vida todo tiene la misma importancia. Cuando el estado de conciencia de una persona es inalterable, éste puede dirigir el flujo de la vida. Antes de llegar a este estado, las cosas, las circunstancias, las experiencias, las personas, etcétera, tienen mucho control sobre lo que percibimos y experimentamos en la vida. Cuando trabajamos la conciencia a través del sexto chakra, invertimos esta tendencia y podemos proyectar nuestras intenciones hacia afuera para crear nuestra realidad.

Cuando la mente está repleta de pensamientos, es muy difícil visualizar y proyectar las intenciones que tenemos para nuestra realidad. A mayor claridad mental, más fácil es crear una realidad que podamos visualizar porque hay menos obstáculos en el camino. El sexto chakra está conectado con el cuarto, el que contiene el potencial de la posibilidad. Cuando decides cuál de estos potenciales infinitos deseas desarrollar en tu vida, el sexto chakra es el nivel de conciencia que utilizas para proyectar ese potencial y hacerlo realidad.

Este chakra también se utiliza para asimilar información a través del «tercer ojo», que es otro nombre que recibe este centro de energía. En general se piensa que éste es el centro de las facultades psíquicas, pero no es del todo cierto. Aunque los impulsos psíquicos proceden de él, la forma en que estos serán recibidos dependerá siempre de las impresiones latentes y de las experiencias almacenadas en la mente.

Un apunte cultural sobre este chakra puede ayudarnos a contextualizarlo mejor. En la tradición hinduista las mujeres llevan un *tilak* en el sexto chakra. Se cree que este punto rojo aleja al «ojo del mal» para que la negatividad no entre a través de nuestras percepciones. La capacidad de proyectar nuestra realidad es también la capacidad de protegernos alejándonos de la negatividad. Por ejemplo, si una persona que no es ética o es inmoral desarrolla mucho este chakra, la energía que proyecte podría ser destructiva para los demás. Tener facultades psíquicas no implica ser una persona ética, razón de más para cultivarnos holísticamente y asegurarnos de que entendemos cómo usar todas las facetas de nuestra energía para crear la realidad que queremos vivir. Una forma holística de abrir y trabajar el sexto chakra es a través de la práctica de la meditación y de los ejercicios de visualización, que encontraremos en el capítulo 6. *Una buena técnica meditativa para empezar es la «Técnica para cultivar la intuición y la conciencia sutil».*

He hablado un poco de este chakra cuando hemos visto el tema de la mente. El chakra Manas es lo que identificamos como mente, y gobierna las impresiones sensoriales. Debido a esta conexión, podemos utilizar la mente como almacén de información o limpiarla para que el sexto chakra pueda alcanzar su máximo rendimiento. Los chakras Manas e Indu están directamente conectados con el sexto chakra y de ellos depende su buen funcionamiento. El conocimiento aprendido queda almacenado por el cuerpo gracias a Manas. Estas impresiones almacenadas son los patrones mentales que ya conocemos. Cuando los dejamos actuar por su cuenta, determinan las percepciones que tenemos de la vida y nos dicen cómo hemos de reaccionar ante las situaciones. A través de la meditación y de otras prácticas espirituales y de curación vibracional, cuando eliminamos los patrones mentales, desarrollamos la facultad de responder a las situaciones con claridad, en vez de reaccionar a ellas basándonos en las impresiones almacenadas en el chakra Manas.

Si queremos vivir conscientemente, tendremos que eliminar los condicionamientos almacenados. Ser consciente significa controlar nuestras decisiones en todo momento, en lugar de reaccionar a lo que nos presenta la vida. Los patrones de pensamiento niegan la fuerza de voluntad, y a la inversa, cultivar la fuerza de voluntad ayuda a eliminar las impresiones almacenadas en el chakra Manas. La meditación y el discernimiento son las formas más sencillas de trabajar en este plano de conciencia, pero hace falta tenacidad y tiempo.

La meditación elimina las impresiones almacenadas en el chakra Manas. Cualquier técnica relacionada con el elemento agua también actuará directamente en Manas. La práctica diaria de la contemplación y del discernimiento son medios muy potentes para trabajar directamente con Manas, puesto que estimulan el chakra Indu para que ayude a liberar las impresiones almacenadas en el chakra Manas. Las técnicas relacionadas con rajas también serán eficaces, puesto que nos ayudarán a concentrarnos en algo en particular y ajeno a la carga del subconsciente. *Véase la «Técnica para cultivar la conciencia plena» del capítulo 6, que nos enseña a llevar nuestra atención hacia lo que queremos.*

Chakra Indu Intelecto e inteligencia

El chakra Indu se sitúa justo encima del chakra Manas y rige el intelecto. También lo hemos visto brevemente cuando he hablado de la mente. El intelecto puede dirigirse hacia afuera en su aspecto creativo o hacia dentro en su función destructiva y selectiva para disolver los patrones mentales almacenados en el chakra Manas. Cuando esta energía se dirige hacia dentro es muy eficaz manteniendo el bienestar porque aborda directamente los problemas ocasionados por la energía sutil en su origen. Si la energía que ha ocasionado el problema físico, mental o emocional ha quedado totalmente destruida, éste no se volverá a presentar.

Para reforzar el sexto chakra, hemos de entender Manas e Indu, porque ambos contribuyen al buen funcionamiento de las funciones del sexto chakra. Hay implicaciones muy importantes. La mente, el intelecto y el sexto chakra son nuestros instrumentos más poderosos para manifestar nuestra realidad. La energía fluye bajo la guía de estos chakras. Dondequiera que estén nuestros pensamientos, allí es donde se dirigirá nuestra energía. Para poder curar a los demás o curarnos nosotros, es importante que sepamos controlar nuestra propia mente y cómo mantenerla sana. Si la capacidad de dirigir que tienen estos chakras no funciona correctamente, la energía potencial que encierra cada modalidad de sanación no desarrollará su máximo potencial. Toda energía sutil ha de ser dirigida, y la combinación de estos centros nos muestra cómo hacerlo eficazmente.

Puesto que el chakra Indu rige la creatividad, el intelecto y la expansión interior y exterior (como hemos visto en el capítulo 2), hay muchas formas de trabajar con esta energía. La contemplación y el discernimiento interior actúan interiorizando esta energía. La expresión creativa como la danza, la música, el estudio del lenguaje, la filosofía y otras artes que estimulan el intelecto activan la energía del chakra Indu.

Séptimo chakra (Sahasrara) La corona

Al séptimo chakra se le conoce comúnmente como coronario. Es el loto de los mil pétalos, que acumula la energía de los otros seis chakras principales (menos la de Manas e Indu). Este chakra tiene la facultad de actuar desde la unidad, tanto con nosotros mismos como con el universo. Es el lugar donde reconocemos que todos estamos hechos de la misma sustancia universal y que estamos intrínsecamente interconectados. Para que este chakra se abra desde dentro es necesario que las energías de los otros chakras estén equilibradas y funcionen en armonía, tal como suena. Puesto que está compuesto por las mismas vibraciones que el resto de los chakras, si alguna de ellas está bloqueada en alguna parte del cuerpo, también lo estará en el séptimo chakra. No hay forma de forzar su apertura; se produce cuando reina la armonía entre el cuerpo, la mente, y el espíritu.

Cuando todo el sistema está equilibrado, esto sucede de manera espontánea y la energía universal fluye libremente dentro y fuera de la persona. A esta energía se le llama gracia, la conciencia de Dios, o simplemente una poderosa vibración que no podría proceder de ningún otro lugar de la conciencia. Los grandes santos y videntes actúan desde esta frecuencia vibratoria, para transmitir paz, armonía y comprensión a todas las personas que acuden a ellos.

Cuando una persona se siente sola, se le bloquea la energía de este chakra. Cuando estamos conectados con la energía universal nunca podemos sentirnos solos o abandonados. El chakra coronario es el que se encarga de que exista una conexión constante e inquebrantable entre nosotros y la vida. Experimentar este estado de conciencia está inevitablemente vinculado a sentir prosperidad, humildad y una actitud general de dar y favorecer a toda la Creación. Positividad, júbilo, solidaridad y paz son los distintivos de la energía que emana este chakra.

Si quieres trabajar con la energía del séptimo chakra, concentra tus intenciones en hacer algo para mejorar el mundo. Descubre de qué forma puedes contribuir con tu energía y talento para ayudar a los demás. Este centro de unidad no podrás experimentarlo concentrándote tan solo en tu yo individual; intentar comprender tu conexión con el mundo debe ser una constante en tu vida. *También puedes usar la «Técnica para cultivar la unidad» del capítulo 6.*

Chakra Hridaya El corazón espiritual

El chakra Hridaya no es muy conocido, pero es un lugar muy importante de la conciencia que hemos de entender. Es el chakra del amor, de la devoción y de la entrega incondicional a la voluntad de Dios. Se le considera la versión reducida del punto central que se encuentra en el chakra coronario, conocido como bindu, y a través de este chakra se puede tener el mismo tipo de experiencias de iluminación, puesto que está directamente conectado con el chakra coronario. Todos los canales de energía sutil pasan por él. Es la sede del universo, del alma, de Dios y de toda forma de existencia. También se le conoce como el chakra de los milagros y de la facultad de ejercer la propia voluntad sobre las leyes de la naturaleza y de la materia. El dharma, los sueños y todo lo que es una persona y su potencial de lo que puede llegar a ser, se encuentran en este centro de energía.

En las culturas antiguas no distinguían la mente del corazón. Se consideraba que eran una misma cosa, los pensamientos eran la parte externa de la mente y los sentimientos la más profunda. Hridaya es el lugar donde se fusionan los pensamientos y los sentimientos. La unión equitativa de estas dos fuerzas, es decir, de los pensamientos siempre en sintonía con los sentimientos, es un claro indicativo de integración, equilibrio y crecimiento espiritual saludable. Esta facultad no solo acerca a una persona a Dios y a su yo, sino que la acerca a cumplir su misión en la vida. El chakra Hridaya puede controlar la energía de todos los demás chakras y regular el proceso de la vida a través del flujo del amor.

Solo se puede acceder a él gracias al amor y la devoción supremos para adentrarnos en el aspecto espiritual de la vida y en Dios directamente. Es un lugar de fe inquebrantable, donde literalmente todo es posible. En este chakra, materia y espíritu trabajan a la vez.

Desde la perspectiva del amor, de la unidad y de que toda la energía de nuestro cuerpo trabaje conjuntamente, este chakra es de vital importancia. Aunque el chakra Hridaya esté situado debajo del cuarto chakra, principalmente está conectado con el chakra coronario. Además de transportar la energía del chakra coronario (que como ya hemos visto contiene la energía de los seis primeros), también es la morada del alma y donde surgen el temperamento, los gunas y nuestra constitución elemental. Esta unión entre los pensamientos, los sentimientos, el temperamento, la espiritualidad, y el propósito general de la vida es lo que da lugar a lo que conocemos como amor.

El amor es la solución para toda energía sutil estancada o restringida y puede desbloquear al instante todos los sentimientos negativos y hacer que la energía fluya libremente. Cuando se lo permitimos, el amor cura todas las heridas y además rápido. Es la energía más poderosa de toda la curación vibracional. Para aprender a cultivar la energía del chakra Hridaya y su energía de unificación y amor, debes realizar alguna práctica espiritual diariamente. *En el capítulo 6 encontrarás algunas técnicas apropiadas para empezar tu viaje, incluida la «Técnica para cultivar la unidad», que trabaja con la energía de los chakras Hridaya y séptimo.*

3

Comprende tu tipo de energía y temperamento (gunas y elementos)

Ahora que ya hemos sentado las bases sobre los chakras y la energía sutil, veamos los gunas y los elementos que influyen directamente en el temperamento, el carácter único, y la constitución física general de una persona. Los gunas se relacionan principalmente con el temperamento y la disposición interior, mientras que los elementos son lo que dan la forma y la estructura a la materia y al cuerpo físico. Puesto que los gunas y los elementos son las energías responsables de que seas como eres y del camino que has de seguir en tu vida, tendrás que aprender a trabajar con estas energías para abrir cada chakra y deshacer sus bloqueos energéticos. La combinación única de gunas y elementos que tenemos cada persona, es lo que hace que un camino o forma vibracional de curación sea apto para nosotros o no. La comprensión de todos estos aspectos nos ayudará a hacer mejor uso de las distintas modalidades de curación vibracional.

Los gunas (tu mente, espíritu y tipo de energía)

Los componentes básicos de la naturaleza y de la materia son los tres gunas: sattva, rajas y tamas. De estos tres derivan los cinco elementos de tierra, agua, fuego, aire, y éter, de los que hablaremos más adelante en este capítulo. Los gunas (modalidades de energía) están muy relacionados con el temperamento (tu naturaleza innata básica en lo que respecta a tu conducta), el carácter (tu personalidad única y rasgos que determinan tus decisiones), y el dharma (el propósito de tu vida, que es donde se reflejará si estás viviendo de acuerdo con tu temperamento y tu carácter), que es la razón por la que es necesario entender los gunas. El dharma y los sueños de una persona son los que gobiernan el funcionamiento de la tríada cuerpo, mente, y alma. El dharma se manifiesta a través del temperamento como una composición específica de gunas y en el cuerpo físico como una composición específica de sus correspondientes elementos. Esto garantiza que la estructura del cuerpo físico coincida con la mente, las emociones, y el destino de una persona.

En mi opinión, los gunas son un medio extraordinario de autoconocimiento; cuando aprendes a entenderlos y a identificarlos, también puedes aprender a utilizar sus ventajas y a superar sus desventajas. ¡En los gunas no hay bueno ni malo! Todos tienen atributos positivos y negativos, cualidades que favorecen el bienestar y cualidades que lo restan. Así es con la mayoría de las cosas de la vida. Son un arma de doble filo: se pueden usar para proteger o para dañar, según cómo los utilicemos. Con el temperamento sucede lo mismo. Si lo utilizas adecuadamente, es la clave para vivir con éxito, salud, y para sentirte realizado. Si actúas en contra de tu propio temperamento, la vida se vuelve muy difícil.

Cada persona y cosa tienen los tres gunas en diferente proporción. La mente irá cambiando de guna a lo largo del día, de la semana, del mes y del año. Puesto que los gunas son partes fundamentales del temperamento, cada uno buscará su forma de expresión. Esto no cambia nunca, lo único que cambia es la forma en que cada persona se relaciona con los atributos que tienen y los utiliza en su propio beneficio. Veamos los atributos de cada guna —cómo pueden ayudar u obstaculizar— y aprendamos a utilizarlos para lograr equilibrio y bienestar. Tras conocer los atributos, podrás completar un test que te ayudará a descubrir tu temperamento. El test te ayudará a entender lo que estamos a punto de ver y que muchas veces puede parecer abstracto.

Guna sattva (claridad)

El guna sattva podría resumirse en una palabra: claridad. ¿Hasta qué punto son claras tus percepciones respecto a ti mismo, la vida, Dios, y todo lo que eres y lo que quieres ser? El guna sattva es la energía que aporta claridad y sabiduría interior a nuestro camino y a nuestro propósito. Tiene la facultad de iluminar, no por sí mismo, sino por su poder de eliminar todo lo que se interpone en el camino de la energía innata de la persona. Se asocia a los conceptos de iluminación, sabiduría interior, paz, armonía y unidad, que son cualidades a las que todos aspiramos. Aunque estas manifestaciones externas no son sattva propiamente dichas, la energía sáttvica bien utilizada puede conducirnos a estas expresiones tan positivas de la vida.

Por el contrario, cuando la energía sáttvica no se utiliza para aclararse uno mismo, es una de las energías más engañosas y destructivas que existen. Cuando un individuo restringe o hace mal uso de la energía sáttvica, se vuelve dogmático, beato y egocéntrico en sus decisiones, patrones mentales y acciones, y está totalmente convencido de que su manera de hacer las cosas es la mejor, cuando no la única. Siempre que una persona desprecia a otra por sus creencias o se cree que está por encima de los demás espiritualmente, es una manifestación negativa de la energía sáttvica. La luz puede iluminar o cegar. Aunque esta energía puede conducir a la humildad, a la verdadera compasión y al amor, si no está bien compensada con los otros gunas también puede reforzar el egoísmo.

Para trabajar sattva adecuadamente hay que tener claro y comprender que cada persona tiene su propio camino, sus luchas y su razón para vivir. Cuando creemos que «nuestro camino es el único» para todos, se enturbia nuestra claridad. Los instrumentos y las técnicas las pueden usar todas las personas, pero el cuándo, el cómo y con qué finalidad, es exclusivo para cada una. Una persona que ha dominado un auténtico nivel de claridad interior no solo sabrá lo que más le conviene personalmente, sino que podrá ayudar a otras personas a encontrar las técnicas que mejor se adapten a ellas.

El guna sattva también aporta paz, lo cual puede ser bueno y malo. Si estuviéramos siempre en paz, nunca haríamos nada. Estar en paz niega el deseo o la motivación para el cambio. El cambio y el movimiento dinámico forman parte intrínseca de la vida, por consiguiente, pretender mantener siempre una manifestación externa de paz es negar el proceso de la vida y el funcionamiento del universo. Cuando sattva se manifiesta en positivo, la persona entiende que existen posibilidades ilimitadas. No tiene más obstáculos para utilizar el potencial de la vida, que no poder percibirlo o no querer intentarlo. Sattva es la pieza de la percepción clara en el rompecabezas de la vida.

Los gunas también influirán en los gustos alimentarios y las actividades que realicemos en la vida. La energía sáttvica hace que nos apetezcan alimentos nutritivos y fáciles de digerir, que nos guste un estilo de vida tranquilo y necesitemos tiempo para estar a solas. Es el guna de la introspección profunda, tan necesaria para la verdadera claridad y el sentimiento de satisfacción general en la vida. *Muchas de las técnicas del capítulo 6 trabajan con este guna, incluidas la «Técnica para cultivar la unidad» y la «Técnica para un nuevo crecimiento y cambio positivo».*

Guna rajas (confianza y energía focalizada)

Rajas es el responsable del deseo, del movimiento, y de la actividad focalizada. Hemos hablado del deseo cuando hemos visto el tercer chakra. Si el deseo se dirige hacia el propósito de tu vida y tu realización personal, es estupendo. Si se usa para alimentar deseos egoístas que no te conducen a desarrollar tu potencial, son extraordinariamente negativos. La raíz de rajas es *raj*, que en sánscrito significa «real». Rajas emana una energía y una presencia regia y tiene la cualidad de estar siempre en movimiento y activo. Puesto que el universo en general siempre está en movimiento y cambiando, estar en sintonía con este guna ayuda a las personas a fluir con su propia energía dinámica y con las energías universales.

Hay dos palabras que resumen a este guna: confianza y ambición. En la vida, para dirigir, crear y hacer las cosas, hace falta una energía muy dinámica y poderosa. Rajas es la energía vital subyacente que incita a la gente a actuar. En este mundo nada podría mantenerse sin acción, por eso su cualidad dinámica también está vinculada al mantenimiento y a la conservación. Comemos, hacemos ejercicio, trabajamos, vivimos y disfrutamos de la vida para sustentar la vida. Las acciones y los deseos fomentan el propósito de la vida. Sin deseo ni ambición, la vida se estancaría y dejaría de existir. Rajas nos aporta la energía que necesitamos para realizar nuestros sueños y deseos y sustentar la propia vida.

Algunas de sus manifestaciones negativas son la ira, la hiperactividad y la sucesión interminable de deseos dispersos. Todo depende de cómo se utilice y dirija esta energía. Si tenemos las ideas claras respecto a lo que queremos hacer en la vida, rajas puede actuar de una forma muy poderosa y dinámica para llevarnos a la consecución de nuestras metas. Si nos falta claridad de objetivos respecto a qué acciones son las más indicadas, rajas puede conducirnos a la frustración y a la agitación debido a la incapacidad de concentrarnos en una meta concreta. Puesto que la energía de rajas es muy dinámica, siempre ha de ser dirigida hacia una meta positiva a través de una intención poderosa y una fuerza de voluntad focalizada. Rajas no espera a que aparezca un guía a quien seguir. Rajas es el guía, como lo sería un rey. Asumirá con gusto una dirección competente y no esperará a que aparezca ningún líder. La persona que desee cultivar unas buenas dotes de liderazgo se beneficiará desarrollando la energía dinámica de rajas.

En la mente, rajas se puede manifestar como infinidad de deseos, múltiples proyectos que llevar a cabo, y un gusto general por la actividad y la vitalidad. Cuando en el cuerpo físico domina rajas, las personas suelen permanecer activas y rara vez tienen sobrepeso. Aporta la energía necesaria para trabajar duro, durante muchas horas y estar siempre haciendo algo. A rajas le gusta la comida sabrosa y con especias, aunque no sea muy digestiva. En el aspecto emocional, rajas puede causar problemas cuando no se cumplen sus deseos (generalmente, debido a su incapacidad para concentrarse en una sola cosa), porque los deseos insatisfechos generan frustración e ira.

En el capítulo 6 hay técnicas para trabajar con la energía rajásica, incluidas la «Técnica de meditación para cultivar la energía curativa» y la «Técnica para cultivar la prosperidad interior».

Guna tamas (cimientos sólidos)

Tamas es lo sólido, la gravedad, el sueño, y los cimientos firmes. Es la energía que mantiene unido al cuerpo físico y da forma al cuerpo humano, no a un cuerpo de luz o de sonido. Tamas probablemente sea el guna más incomprendido, porque las personas que no viven de manera equilibrada no pueden utilizar su energía productivamente. Puesto que su naturaleza es restringir y contener, hace falta disciplina para saber trabajar con su energía. Tamas se asocia a nuestra energía inconsciente, es la fuerza responsable de mantener unido al cuerpo físico y lo hace a través de sus respuestas biológicas naturales, del sueño, del proceso de regeneración y de la combinación de energías que ni se nos ocurre pensar en ellas y que ayudan a que nuestro cuerpo siga trabajando correctamente.

Tamas aporta algo esencial para la vida. El sueño es muy importante, regenera y cura. Los cimientos sólidos son muy importantes para vivir satisfactoriamente. La clave para trabajar con esta energía es la disciplina y la coherencia. Si una persona duerme demasiado, se volverá apagada y apática. Si uno no se cuida bien, luego sufrirá las consecuencias. Lo que hemos de recordar es que los cimientos son solo eso: cimientos. No son más que un punto de partida, no un lugar para quedarse. No hay nada que no se pueda conseguir gozando de un tiempo sin hacer nada, descansando, relajándonos, comiendo de forma saludable, con una buena higiene, etcétera. Todo esto son elementos básicos de la vida; es un sistema de conducta y de valores personales que exige responsabilidad y compromiso. Las cualidades negativas que surgen de la energía tamásica son la desgana, la inercia, la pereza, la falta de iniciativa de cambio, dormir en exceso, y falta de higiene. Las personas que no quieren cambiar o parecen ser incapaces de hacerlo, están atrapadas en la energía del guna tamas.

Cuando hay exceso de energía tamásica en el cuerpo físico, las personas tienden al sobrepeso y a la mala salud. En cuanto a la mente, tamas se manifiesta como rigidez, apatía, y, en casos extremos, incapacidad para entender conceptos básicos como el bien o el mal. En exceso, impide el buen discernimiento. En el plano emocional, un exceso de tamas provoca tristeza y discordia. Mantiene a las personas supeditadas a seguir un mismo estilo de vida, y parecen incapaces de hacer las cosas de otro modo. Respecto a la comida, genera antojos de tomar azúcar, comer dulces, y sobras que ya han perdido la mayor parte de su vitalidad, alimentos densos y difíciles de digerir, y suele inducir a que las personas se pasen de la raya comiendo.

Tamas es la energía más fácil de manejar porque basta con levantarse y hacer algo para pasar a un estado rajásico. La energía sáttvica es la más difícil de cambiar porque es muy sutil y engañosa. A pesar de eso, hay más personas atrapadas por los aspectos negativos de tamas que por los de sattva. En nuestra cultura se nos ha enseñado a buscar soluciones fáciles o rápidas a los problemas, lo que contribuye a una falta de disciplina general. La falta de disciplina en la vida aumenta la energía tamásica de una persona. La forma más fácil de contrarrestar las cualidades negativas de la energía tamásica es hacer ejercicio físico. *También puedes trabajar con la «Técnica para cultivar la prosperidad interior» del capítulo 6.*

Cuando el equilibrio ocupe un lugar central en nuestra vida, daremos igual importancia a los tres gunas. Ninguno de ellos debe dominar sobre otro, todos han de ser entendidos por lo que son, por la forma en que pueden beneficiarnos y por contribuir a que cada uno de nosotros tengamos un temperamento y una constitución única.

El temperamento y las tendencias en el camino de nuestra vida

Sattva: las personas con disposición sáttvica tenderán más a fines que contribuyan a la claridad conceptual, a la comprensión intelectual y a una forma más global de ver la vida. Suelen ser el tipo de personas que tienen una visión idealista o visionaria de la vida. Muchas veces los sanadores se encuentran en esta categoría, porque restaurar la salud es restaurar la paz en el cuerpo, y sattva es paz, armonía y sustento. Maestros, pacificadores, profesores, pastores, coaches personales y otros, pertenecen a esta categoría de temperamento. Las personas con una disposición sáttvica emanarán una energía ligera y expansiva, y una profundidad de carácter que no se puede acabar de describir a través de sentimientos tangibles; es la percepción que deriva del predominio de los elementos aire y éter. Las personas sáttvicas que realmente saben utilizar su energía son soñadoras y parece que vivan en otro mundo, pero no todas saben causar buena impresión. Cuando estas personas no saben equilibrar bien su energía, sus creencias pueden convertirlas en fanáticas y causar grandes males a los demás. Los que aborrecen abiertamente a la sociedad, los fanáticos religiosos y las personas más negativas imaginables no han aprendido a utilizar su tendencia sáttvica como es debido. La iluminación, o mejor dicho creerse iluminado, cuando en realidad no has integrado tu potencial de expansión, puede conducir a un tremendo problema de ego.

Rajas: aunque los idealistas sáttvicos quieren cambiar el mundo debido a sus facultades visionarias, hace falta una persona con una fuerte tendencia rajásica, y la intensa concentración y fuego que ello conlleva para salir a la calle y ser el artífice del cambio. Una persona rajásica sabrá lo que quiere y estará dispuesta a ir a por ello. Puesto que rajas se asocia al carisma, la serenidad y el carácter, este tipo de personas suelen ser líderes en la sociedad. El individuo rajásico se situará en primera línea mientras que el sáttvico lo hará aconsejando al rajásico o guiando a un líder carismático desde un segundo plano. Los activistas y las personas que realmente quieren hacer algo para cambiar el mundo tendrán un temperamento con una fuerte tendencia rajásica. Lo mismo sucede con los grandes empresarios, emprendedores, personajes públicos, bailarines, políticos, estrellas del rock y similares. Incluso los médicos, bomberos y médicos de urgencias, se encuentran en esta categoría porque trabajan perfectamente bajo presión. El fuego y rajas crean presión en la mente y en el cuerpo, de modo que las personas que medran en estos entornos es muy probable que tengan una disposición rajásica. Las que destacan en la sociedad por sus actos se encuentran en esta categoría. Otra característica que observarás en las personas rajásicas es su habilidad para acaparar la atención, para bien o para mal. Puede ser a través de motivar o de inspirar a otros, o bien, a través de la presunción y la arrogancia egocéntrica. Sea como fuere, estas personas siempre acaban en el candelero debido a su carisma, encanto y determinación de triunfar.

Tamas: las personas con unas tendencias más terrenales y tamásicas son las mejores para ocupar puestos de dirección, ya que suelen ser muy detallistas y tienen una gran capacidad para hacer varias cosas a la vez y grandes dotes de organización. Este tipo de personas sabe dirigir una iniciativa creada por otro y construir buenas bases para afianzar las cosas. Escritores, editores, directores, líderes en organizaciones, y grandes comunicadores suelen estar dentro de esta categoría. Debido a su necesidad de crear buenas bases, a estas personas les suele gustar la estabilidad y no se toman las cosas en broma; perder el tiempo no es su fuerte porque para crear un buen cimiento para conseguir una meta hay que trabajar con diligencia y tenacidad. Estas personas también son buenas consejeras y guías gracias a su carácter centrado. Si las personas que tienen mucha tierra y son tamásicas, también tienen demasiada energía solidificadora que genera inercia, serán a las que más les costará encaminarse en una buena dirección. Son el tipo de personas que malgastarán su vida en la confusión mental y la pereza, debido al exceso de inercia en su cuerpo, mente y emociones.

Test de temperamento y gunas

Aquí tienes parte de lo que estabas esperando. ¡Utiliza el test que viene a continuación para crear un punto de partida basándote en tu temperamento! También encontrarás un test parecido para tu constitución elemental. Al entender mejor tu temperamento y constitución física, puedes determinar qué modalidades de curación basadas en el temperamento y en los elementos son las mejores para tu viaje personal hacia la salud (que veremos en los capítulos 4 y 5).

Responde a cada una de las preguntas que vienen a continuación con un número 1 para las que mejor se adapten a la pregunta, y deja las otras dos casillas en blanco. Cuando hayas respondido a todas las preguntas de una serie, suma los totales de cada columna y multiplica el número resultante de puntos por 4, 2 o 0 como indica la casilla inferior de cada columna. Suma las tres puntuaciones y obtendrás tu puntuación total de cada categoría.

Aquí tienes un ejemplo para que veas en la práctica cómo se obtienen las puntuaciones:

Preguntas para sattva	Generalmente Sí	A veces	Generalmente No
1. Me gusta la contemplación profunda.		1	
2. Me gusta estar un rato a solas todos los días.			1
3. Las especias no me sientan bien.		1	
4. Me gusta la filosofía profunda y la búsqueda espiritual.	1		
5. Me gusta estudiar algo y llegar al fondo de ese tema.		1	
6. Quiero hacer algo para mejorar el mundo.	1		
7. Intento comprender cuál es mi lugar en el mundo y entenderme a mí mismo.	1		
8. Quiero entender el funcionamiento del universo y entenderme a mí mismo.			1

9. Quiero conocer el aspecto espiritual de la vida y mi aspecto espiritual.	1		
10. Necesito comprender los conceptos y los mecanismos claramente para entender la realidad. Sin entender cómo «funcionan» las cosas no puedo identificarme con un concepto.		1	
11. Soy optimista y percibo la belleza de la vida.		1	
Total puntos:	4	5	2
Ahora multiplica los puntos que has sumado en cada columna por el número que hay en su correspondiente casilla y obtendrás la calificación:	Puntos × 4 = 16	Puntos × 2 = 10	Puntos × 0 = 0
Suma las puntuaciones de las tres casillas para conseguir tu puntuación sáttvica:	26		

Responde a cada pregunta ciñéndote a la realidad, no a cómo te gustaría que fueran las cosas. Sé sincero contigo mismo a fin de que puedas evaluar la modalidad que más te beneficiará en estos momentos. El test de guna y de temperamento es para ayudarte a que comprendas cómo eres interiormente y cuál es tu disposición psicológica. Cuando tengas los resultados, vuelve a revisar los gunas y profundiza sobre tu guna predominante y cómo te afecta en tu percepción de la vida.

Preguntas para sattva	Generalmente Sí	A veces	Generalmente No
1. Me gusta la contemplación profunda.			
2. Me gusta estar un rato a solas todos los días.			

3. Las especias no me sientan bien.			
4. Me gusta la filosofía profunda y la búsqueda espiritual.			
5. Me gusta estudiar algo y llegar al fondo de ese tema.			
6. Quiero hacer algo para mejorar el mundo.			
7. Intento comprender cuál es mi lugar en el mundo y entenderme a mí mismo.			
8. Quiero entender el funcionamiento del universo y entenderme a mí mismo.			
9. Quiero conocer el aspecto espiritual de la vida y mi aspecto espiritual.			
10. Necesito comprender los conceptos y los mecanismos claramente para entender la realidad. Sin entender cómo «funcionan» las cosas no puedo identificarme con un concepto.			
11. Soy optimista y percibo la belleza de la vida.			
Total puntos:			
Ahora multiplica los puntos que has sumado en cada columna por el número que hay en su correspondiente casilla y obtendrás la calificación:	Puntos × 4 =	Puntos × 2 =	Puntos × 0 =
Suma las puntuaciones de las tres casillas para conseguir tu puntuación sáttvica:			

Preguntas para rajas	Generalmente Sí	A veces	Generalmente No
1. Tengo una vida social muy activa y disfruto mucho de ella.			
2. Estoy muy concentrado en un pensamiento o proyecto específico.			
3. Me gusta estar activo y ocupado.			
4. Me gustan las cosas difíciles que mantienen mi mente ocupada.			
5. Me gusta la comida picante.			
6. Me esfuerzo para conseguir mis sueños.			
7. Cambio con mucha rapidez. Acepto el cambio, aunque suponga afrontar dificultades.			
8. Disfruto guiando y dando consejos a los demás, y soy bueno haciéndolo.			
9. Me gusta ser el centro de atención o muchas veces lo soy sin buscarlo.			
10. Tengo un fuerte sentido del deber y de la responsabilidad.			
11. Trabajo duro y supero los obstáculos y la resistencia.			
Total puntos:			
Ahora multiplica los puntos que has sumado en cada columna por el número que hay en su correspondiente casilla y obtendrás la calificación:	Puntos × 4 =	Puntos × 2 =	Puntos × 0 =
Suma las puntuaciones de las tres casillas para conseguir tu puntuación rajástica:			

Preguntas para tamas	Generalmente Sí	A veces	Generalmente No
1. No me gusta la contemplación profunda. Me conformo con las respuestas.			
2. No me gusta la actividad física. Prefiero sentarme y observar.			
3. Soy de moderadamente obeso a muy obeso.			
4. Prefiero los alimentos salados y dulces a las frutas y las verduras frescas.			
5. Tengo ideales muy rígidos respecto a la realidad y no quiero cambiar.			
6. Los aspectos importantes de la vida para mí se reducen a la comida, el sexo y la gratificación personal.			
7. No sé resolver problemas satisfactoriamente, los evito o huyo de ellos.			
8. No tengo ni idea de qué es lo que quiero hacer con mi vida o estoy muy confuso.			
9. Tengo tendencia a la depresión.			
10. Tengo muchos problemas de salud o solo uno, pero grave.			
11. Suelo vivir en el pasado.			
Total puntos:			
Ahora multiplica los puntos que has sumado en cada columna por el número que hay en su correspondiente casilla y obtendrás la calificación:	Puntos × 4 =	Puntos × 2 =	Puntos × 0 =
Suma las puntuaciones de las tres casillas para conseguir tu puntuación tamásica:			

Ahora suma el total de puntos de las tres tablas anteriores y escríbelos aquí:

Puntuación sáttvica: _____

Puntuación rajásica: _____

Puntuación tamásica: _____

Las puntuaciones de los test que has hecho (y de los que vas a hacer para los elementos) son una guía para que entiendas tu constitución relativa en lo que respecta a los gunas y a los elementos. No son para ponerte la etiqueta de «sáttvico», «rajásico» o «tamásico», porque eso no sería cierto, ya que todos tenemos diferentes proporciones de todos los gunas y elementos. Tener una puntuación más alta en uno o dos de ellos significa que es un buen punto de partida para cuando tengas que valorar distintos métodos de curación (y las modalidades combinadas que mezclan gunas y elementos) del capítulo 6.

Los cinco elementos (tu tipo de energía física)

Otra forma de perfilar aún más tu constitución es a través de los cinco elementos. Toda la materia, incluidos los cuerpos físico y sutil, contiene la energía de los elementos. Los gunas se relacionan más con el temperamento y las tendencias interiores, y los elementos se relacionan más con las manifestaciones físicas de una combinación particular de los gunas. Los cinco elementos —tierra, agua, fuego, aire y éter— se encuentran en el centro de los cinco primeros chakras respectivamente, el elemento tierra corresponde al chakra raíz y así sucesivamente (remítete al dibujo de la página 55, para recordar la situación de los chakras). Los elementos van desde el más sutil que es el éter (también conocido como espacio), hasta el más denso que es el elemento tierra, del cual se crea toda la materia. Este elemento tangible se halla hasta en la vacuidad espacial y en todo lo que hay entre medio.

Puesto que los elementos son manifestaciones físicas del temperamento, pueden ser instrumentos potentes y tangibles en el proceso de sanación. Cada uno tiene su correspondiente facultad sensorial, olfato, sabor, vista, tacto y sonido respectivamente. Cuando identificas lo que no está en equilibrio, la causa, y todo lo que se ha de rectificar, elegir la técnica de sanación es sencillo. No obstante, comprender qué es lo que hace falta y por qué, es lo que exige mucho discernimiento y percepción. Veamos la naturaleza fundamental de cada uno de los elementos.

Elemento tierra

El elemento tierra se sitúa en el primer chakra. Este elemento es como la propia tierra, denso, rígido, y principalmente inmóvil. Es sólido, aporta una base de apoyo y tiene la propiedad de nutrir para que las cosas puedan florecer. El elemento tierra contiene la esencia sutil de todos los otros elementos, está formado por un poco de cada cosa. Está íntimamente conectado con el sentido del olfato, un sentido muy primario que utilizamos para saber si las cosas están en orden o no. Puedes oler si una situación será buena o mala, por así decirlo. También puedes oler a la que puede ser una buena pareja para ti por sus feromonas. Aunque no es una comprensión consciente, es un factor subyacente que se encuentra en nuestra forma primaria de relacionarnos con las personas y las situaciones de la vida.

El elemento tierra aporta una estructura rígida al cuerpo y a la vida. Es el recipiente a través del cual puede fluir todo lo demás. Cuando en una persona predomina el elemento tierra en su constitución, será de tipo robusto, aunque posiblemente baja y maciza. Puesto que la tierra es la que contiene todos los nutrientes, es materia prima y es poderosa. Las personas que son muy tierra también suelen tener poder, aunque solo sea uno de sus potenciales. En cuanto a temperamento y carácter, el elemento tierra crea procesos mentales rígidos y fijos con metas e ideas sólidas, y sin ambigüedades. Esto puede ser bueno o malo, dependiendo de que estas ideas sean constructivas o destructivas. *Véase el capítulo 6 para las técnicas específicas del elemento tierra, incluida la «Técnica del agua cargada con gemas».*

Elemento agua

El elemento agua se sitúa en el segundo chakra. En su composición sutil contiene las vibraciones de todos los elementos, excepto la tierra. El elemento agua es muy adaptable y representa la capacidad de fluir. Transporta nutrientes a todas las partes del cuerpo e hidrata, y se asocia al sentido del gusto. En lo que concierne al temperamento, el agua representa la capacidad para cambiar de idea, para moverse y para fluir con la vida. El 70 por ciento de nuestro cuerpo físico es agua, por lo que es más abundante que el elemento tierra, lo que la convierte en uno de los elementos más importantes que hay que entender en el proceso de la curación y de conservar la salud física, mental y emocional.

El agua adopta la forma del recipiente que la contiene. También está en formato sólido, líquido o gaseoso, lo que demuestra que absorbe la energía de lo que le está afectando. Con el tiempo, el agua puede erosionar las rocas y las grandes montañas. Es un elemento engañosamente poderoso que solemos infravalorar. Puesto que es el elemento del segundo chakra, también está relacionado con los sentimientos y con las emociones, que son extraordinariamente fluidas y cambiantes. Los sentimientos, igual que el agua, adoptan la estructura y la energía de aquello que los ha creado. Podemos usar el agua para limpiar todo lo que no deseamos, incluidos los pensamientos negativos; su mayor don es su naturaleza de estar siempre en movimiento.

El elemento agua absorberá las vibraciones de todo lo que le rodea. Se puede usar para absorber las vibraciones positivas de casi cualquier cosa y para cargar un lugar con la energía que deseemos cultivar. Las personas con mucho elemento agua en su constitución sabrán mantener buenas compañías, por su tendencia natural a adaptarse a cualquier persona. Si la compañía es positiva y satisfactoria, las personas agua se adaptarán espontáneamente a esta energía de éxito. Si las compañías son negativas y suponen una mala influencia, es posible que también se adapten a este tipo de energía. *Véase el capítulo 6, «Técnica de purificación con el elemento agua», la «Técnica del agua cargada con mantras» y otras técnicas para trabajar el elemento agua.*

Elemento fuego

El elemento fuego se localiza en el tercer chakra. Contiene la esencia sutil del fuego, del aire, y del éter, pero carece de agua y de tierra. El fuego es el responsable de la digestión y se asocia tanto a la creación como a la destrucción, aunque más a la destrucción. El elemento fuego que está conectado con el sentido de la vista, aporta las cualidades de la fuerza de voluntad, la concentración y la determinación. Lo hace destruyendo todo lo que es secundario en la vida de una persona. La destrucción es un proceso vital para el bienestar, ya que elimina todo lo que ya no es útil en la vida.

El fuego tiene la capacidad de transformar, física y sutilmente. Físicamente, digiere los alimentos y los transforma en energía y nutrientes. El fuego destruye el recipiente que contiene su energía, así puede liberarla y redirigirla para otros fines. Por ejemplo, la manifestación de una enfermedad, como un tumor, se ha de destruir. La energía que contiene el tumor tendrá que ser redirigida para que sea favorable para el cuerpo, lo cual solo es posible cuando ha desaparecido el tumor. La energía es neutral en sí misma, necesita que haya una intencionalidad detrás de ella que la canalice hacia un funcionamiento en concreto. Cuando se destruye un recipiente, la energía puede ser redirigida hacia la creación de uno nuevo o bien para otros fines.

Sutilmente, el fuego se usa para destruir pensamientos y deseos, que en resumidas cuentas son el origen de cualquier materialización. Si una persona tiene diez deseos, puede usar el elemento fuego para disolver nueve de ellos, y redirigir su energía para materializar el que ha quedado. Cuando nos concentramos totalmente en algo, lo estamos alimentando energéticamente. Cuanto más nos concentramos en algo, más actúa el fuego para destruir todo lo demás.

Aprender a trabajar con la energía del fuego es importante para manifestar las cosas que realmente deseamos y necesitamos y para deshacernos de lo que ya no nos es útil. El amor es como el fuego y su esencia sutil se puede encontrar dentro de la zona ígnea donde se halla el centro del corazón espiritual. El amor también es unidireccional y está totalmente concentrado, aunque el amor es muy amplio y puede contener mucho más que un deseo limitado. El deseo es un tipo de fuego en sí mismo. Las energías de la creación y la destrucción son las dos caras de una misma moneda; cuando tienes la una tienes la otra. El fuego también contiene la energía de la conservación, pero solo cuando lo ha consumido todo salvo a sí mismo. Reflexiona sobre la intensidad y el poder del fuego respecto a tus deseos y entenderás mejor por qué los pensamientos y los deseos condicionan el destino de cada persona.

Véase el capítulo 6 para las distintas técnicas del elemento fuego, incluida la «Visualización para cultivar la energía sutil» y la «Técnica de pranayama para disipar la energía negativa».

Elemento aire

El elemento aire se encuentra en el cuarto chakra. Este elemento solo contiene la energía sutil del aire y del éter, y como tal tiene muy poca densidad. Se asocia al sentido del tacto. El elemento aire es importante para la vida por su prana y por su ligereza innata. El aire también está vinculado con el pensamiento y con el modo en que éste se desplaza por el cuerpo. Si no fuera por el aire, los pensamientos no se podrían mover ni llegar a manifestarse. Un exceso de aire puede provocar trastornos mentales, como el exceso de pensamientos y la preocupación.

La expresión «es un cabeza hueca» resume lo que sucede cuando las personas están desconectadas de la realidad. Puesto que el elemento aire crea ligereza y energías idealistas, tiene el poder de hacer que una persona no vea la realidad, por así decirlo, en su forma de abordar todos los aspectos de su vida. El elemento aire es muy importante para la expansión y el crecimiento personal, pero ha de estar compensado con los elementos tierra, agua y fuego para que la vida sea productiva e interesante. Cuando el aire no está bien compensado, la persona tiende a vivir solo en su cabeza; en su propio mundo de sueños, que le impide integrarse en la vida. Tener ideas nuevas y la capacidad de expandirse es maravilloso, pero para que éstas den fruto hay que afianzarlas y comprometerse a hacerlas realidad. La naturaleza del aire es movimiento constante y fluidez. Demasiada energía de este tipo hace que las personas no sean capaces de comprometerse y hacer algo hasta el final, por lo que la incapacidad de completar un proyecto les conducirá a saltar a otra idea nueva.

Tanto el aire como el éter son fuerzas poderosas que ayudan a las personas a conectar con aspectos superiores y más extensos de la conciencia. El elemento aire utilizado en positivo, se puede usar como fuerza elevadora para contrarrestar la gravedad y la densidad de la mente, o cualquier patrón mental o creencia que nos limite. El aire es purificador y contiene mucha energía pránica; esta abundancia de prana combinada con el movimiento del aire en el cuerpo tiene el poder de «hacer desaparecer de un soplido» las energías estancadas y sustituirlas por prana vital. El arte del pranayama se basa en ejercicios de respiración que aumentan la presencia de prana o lo mueven hacia diferentes partes del cuerpo para disolver los bloqueos de energía y los temas mentales o emocionales.

Cuanto más expansiva sea una persona y más prana absorba a través de la respiración, menos comida necesitará. El hambre es un concepto interesante, y, desde luego, no es algo que la ciencia o la medicina occidental moderna acabe de entender. Cuando hay mucho prana, no hay hambre. Éste es un tema para reflexionar profundamente si realmente queremos entender cómo trabajan el prana y la energía sutil en el cuerpo.

Sin aire, las personas no serían capaces de percibir la realidad a través del sentido del tacto. Una persona sensible o que le guste especialmente el tacto sabrá trabajar con el elemento aire. El tacto es una forma de conectar con algo que está fuera de nosotros y el aire es un tipo de energía que mueve cosas. A veces, en la vida necesitamos experiencias y percepciones nuevas. Aprender a trabajar correctamente con el elemento aire puede ayudar a una persona a darle un toque de aire fresco a cada experiencia y a cambiar su forma de percibir la realidad al aligerar la densidad de ésta. Demasiada rigidez no es buena para la salud. El elemento aire con su naturaleza expansiva puede ayudar a equilibrar aspectos aparentemente mundanos de la vida, que en realidad nunca son tan mundanos como parecen, y a verlos con otros ojos. *Véase «Técnica de pranayama para crear energía sutil» y otras técnicas para el elemento aire en el capítulo 6.*

Elemento éter

El elemento éter se sitúa en el chakra Vishuddha, o quinto chakra, y se asocia con el sentido del sonido. El éter solo contiene el elemento sutil éter, conocido también como espacio. El espacio no siempre es considerado un elemento, ¡pero definitivamente lo es! La física moderna ha podido demostrarlo recientemente mediante estudios de la gravedad en relación con los planetas y la forma en que habitan en el espacio. El espacio se puede doblar y estirar, por eso es la esencia básica de la cual se ha creado todo lo demás.

Los Vedas enseñan que el universo entero ha sido creado a raíz de una corriente de sonido. La física se está poniendo al día con el concepto de la teoría de cuerdas. El sonido es un aspecto de la frecuencia vibracional que da lugar a todo lo creado. Según los Vedas, incluso la luz procede de la corriente del sonido. Los sonidos tienen frecuencias audibles e inaudibles asociadas a su energía, así como luz o color.

Puesto que el sonido es la esencia de todas las vibraciones, los mantras son instrumentos extraordinariamente versátiles para utilizar en la sanación, corregir desequilibrios y eliminar bloqueos o energía estancada en el cuerpo. Los mantras llegan a la propia raíz del cuerpo sutil y de la energía sutil y hacen que el cambio se produzca de dentro hacia afuera. Hay mantras prácticamente para todo, pero para que surtan efecto deben ser transmitidos por un gurú o maestro cualificado. Debido a la energía que encierran, si la persona no está lo suficientemente preparada para trabajar con esa energía, ésta puede ser perjudicial para ella. Es como en el ejemplo de la bombilla para corriente de 110 voltios que se funde si la conectamos a una corriente de 220. Con los mantras sucederá lo mismo, no funcionarán.

Los sonidos curativos no tienen por qué ser ningún mantra, pueden ser música, voz, instrumentos, tambores, sonidos de animales, sonido del agua, sonidos de la naturaleza, o cualquier cosa que produzca una corriente vibratoria. Puesto que el sonido suele estar conectado con otros elementos además del éter, es una técnica en la que vale la pena profundizar y tener en cuenta para temas más complejos. Por ejemplo, los sonidos de un río están conectados con los elementos éter y agua y con el segundo chakra. Recuerda que el segundo chakra es muy extenso, pues es a través del cual que nos percibimos a nosotros mismos y el agua controla nuestra capacidad de fluir, curarnos y cambiar. Los sonidos del agua de un río o del mar se pueden utilizar para muchas cosas y para sanar distintos aspectos de la psique, las emociones, y el cuerpo. Éste y otros ejemplos similares nos ayudarán a entender las miles de formas en que podemos usar la combinación de modalidades de los elementos para la sanación y la salud.

Incluso sonidos tan simples como las palabras encierran poderosas vibraciones. Todas las palabras tienen energía que se puede sentir y comprender hasta un nivel consciente. Por lo tanto, imagina lo que hacen las palabras al subconsciente. Las palabras encierran el poder de curar o enfermar, las afirmaciones y los mantras crean positividad y prosperidad interior, mientras que las palabras ofensivas pueden romper la prosperidad interior y la autoestima de una persona.

Las técnicas del mantra, del sonido y las que se basan en el espacio trabajan con el elemento éter. Véase la técnica de «Visualización sobre el espacio infinito» y la «Técnica del agua cargada con mantras» del capítulo 6, que son buenas para empezar.

Personalmente, yo conecto más con el sonido que con cualquier otro elemento. Me encanta la música, los mantras, hablar, cantar y escuchar la sonoridad del mundo. Para mí el sonido es el medio que mejor me permite conectar con todos los demás modos de expresión. ¿Qué elemento despierta en ti la respuesta más potente? ¡Vamos a descubrirlo!

Test de constitución elemental

El test de constitución elemental está diseñado para ayudarte a entender tu tipología física. Este test utiliza el mismo sistema de puntuación que el de temperamento. Igual que has hecho antes, responde a cada pregunta ajustándote a *lo que es*, no a lo que te gustaría que fuera. Lo que te gustaría ser y lo que eres no necesariamente son la misma cosa. Sé sincero contigo mismo para que puedas llegar a comprenderte.

Preguntas para el elemento éter	Generalmente Sí	A veces	Generalmente No
1. Me encanta la música. ¡Es una gran fuente de inspiración para mí!			
2. Me gusta escuchar o cantar mantras en mi práctica espiritual.			
3. Los sonidos me ayudan a relajarme o me crispan.			
4. Me gusta quedarme mirando el cielo, por la noche o durante el día.			
5. Me llama la atención el concepto de espacio exterior.			
6. A veces puedo sentir vibraciones en mi cuerpo.			
7. La música o el sonido hacen que cambie radicalmente mi estado de ánimo.			

	Puntos × 4	Puntos × 2	Puntos × 0
8. Me atrae el concepto de la nada.			
9. Me gusta reflexionar sobre la naturaleza del tiempo y su funcionamiento.			
10. Para mí es importante la claridad en la comunicación.			
Total puntos:			
Ahora multiplica los puntos que has sumado en cada columna por el número que hay en su correspondiente casilla y obtendrás la calificación:	Puntos × 4 =	Puntos × 2 =	Puntos × 0 =
Suma las puntuaciones de las tres casillas para conseguir tu puntuación para el elemento éter:			

Preguntas para el elemento aire	Generalmente Sí	A veces	Generalmente No
1. Soy alto y de constitución delgada y esbelta.			
2. Suelo pensar mucho o tengo tendencia a preocuparme.			
3. Me gusta el sentido del tacto.			
4. El masaje me ayuda a relajarme.			
5. Me gusta ser expansivo y abierto en mi forma de percibir la vida.			
6. Me cuesta concentrarme en un proyecto o en lo que estoy haciendo.			
7. Soy un idealista y me gustan más las ideas que ponerlas en práctica.			
8. No me gustan las comidas pesadas, prefiero alimentos ligeros y saludables.			
9. Suelo tener la piel seca.			
10. Me falta fondo y resistencia física.			
Total puntos:			
Ahora multiplica los puntos que has sumado en cada columna por el número que hay en su correspondiente casilla y obtendrás la calificación:	Puntos × 4 =	Puntos × 2 =	Puntos × 0 =
Suma las puntuaciones de las tres casillas para conseguir tu puntuación para el elemento aire:			

Preguntas para el elemento fuego	Generalmente Sí	A veces	Generalmente No
1. Soy una persona con gran capacidad de concentración y me gusta hacer cosas que requieran concentración.			
2. Tengo buen apetito y tendencia a comer en exceso.			
3. Soy muy ambicioso.			
4. Tengo el pelo fino y canoso prematuramente.			
5. Prefiero los climas frescos y no me gusta tener demasiado calor y/o me gustan los alimentos y bebidas refrescantes.			
6. Me enfado o irrito fácilmente.			
7. Puedo engordar o adelgazar rápidamente cuando me lo propongo.			
8. Tengo una constitución atlética.			
9. Lo quiero todo ahora, y en general no tengo paciencia.			
10. Aunque no necesito fuego para tener calor, me gusta estar cerca del fuego.			
Total puntos:			
Ahora multiplica los puntos que has sumado en cada columna por el número que hay en su correspondiente casilla y obtendrás la calificación:	Puntos × 4 =	Puntos × 2 =	Puntos × 0 =
Suma las puntuaciones de las tres casillas para conseguir tu puntuación para el elemento fuego:			

Preguntas para el elemento agua	Generalmente Sí	A veces	Generalmente No
1. Soy una persona muy emotiva y sentimental.			
2. Siento empatía o sintonizo fácilmente con los sentimientos de otras personas.			
3. Me encanta estar en el agua o cerca del agua.			
4. Mis estados de ánimo son muy variables.			
5. Puedo ponerme triste o venirme abajo con facilidad.			
6. Suelo seguir los consejos de alguna persona de confianza.			
7. ¡Me encanta la luna!			
8. No me cuesta escuchar a los demás y entender sus puntos de vista.			
9. ¡Me encanta el sabor y la experiencia de la buena comida y bebida!			
10. Me cuesta poner límites a los demás.			
Total puntos:			
Ahora multiplica los puntos que has sumado en cada columna por el número que hay en su correspondiente casilla y obtendrás la calificación:	Puntos × 4 =	Puntos × 2 =	Puntos × 0 =
Suma las puntuaciones de las tres casillas para conseguir tu puntuación para el elemento agua:			

Preguntas para el elemento tierra	Generalmente Sí	A veces	Generalmente No
1. Tengo ideas fijas respecto a la vida, pero suelo tener una visión general de las cosas.			
2. Me gusta mucho el hogar, la familia o las tradiciones.			
3. Tengo buena capacidad organizativa.			
4. Me cuesta moverme y/o tengo tendencia a aumentar de peso.			
5. Me gusta estar en la naturaleza, entre los árboles y la tierra.			
6. Las fragancias me gustan mucho. ¡Me encantan los buenos olores!.			
7. Me gusta la coherencia en la vida y suelo planificar mis actividades con tiempo.			
8. Me encantan las comidas pesadas como la pasta y las patatas y me cuesta digerir.			
9. Tengo una constitución pícnica o pelo rizado.			
10. Tengo tendencia a tener la piel grasa.			
Total puntos:			
Ahora multiplica los puntos que has sumado en cada columna por el número que hay en su correspondiente casilla y obtendrás la calificación:	Puntos × 4 =	Puntos × 2 =	Puntos × 0 =
Suma las puntuaciones de las tres casillas para conseguir tu puntuación para el elemento tierra:			

Puntuación para el elemento éter: _____

Puntuación para el elemento aire: _____

Puntuación para el elemento fuego: _____

Puntuación para el elemento agua: _____

Puntuación para el elemento tierra: _____

La combinación de los gunas y de los elementos

Los gunas y los elementos son diferentes pero están interrelacionados. Mientras los elementos son manifestaciones tangibles que podemos ver y experimentar, los gunas se relacionan con los atributos y el temperamento. Cuanto mejor podamos entenderlos en su interrelación, mejor comprenderemos el equilibrio de los también interconectados cuerpo, mente y alma.

Como podrás ver en la tabla que viene a continuación, la tierra y el agua pertenecen al guna tamas. Los elementos aire y éter por sus atributos pertenecen al guna sattva. El elemento fuego se considera parte de rajas. Aunque a veces rajas se puede solapar y contener aire y agua, no es muy habitual en la forma que tienen de manifestarse estos elementos, pero nunca se puede descartar nada.

Elemento	Guna	Chakra	Atributos positivos	Atributos negativos
Tierra	Base tamásica	1º Muladhara	Capacidad de dirigir, escribir, organizar, crear estrategias, construir bases sólidas, coherencia, sueño saludable.	Pereza, apatía, inercia, dormir demasiado, mala alimentación, falta de ejercicio, falta de disciplina, falta de claridad respecto al propósito de la vida.
Agua	Base tamásica/ Intención concentrada rajásica (a veces)	2º Svadhisthana	Fluidez, curación, fuerte sentido del yo, fronteras saludables, capacidad de adaptación, autoestima, variable.	Falta de autoconfianza, actitud negativa, triste, se deja llevar por las emociones, sin sentido del yo, falta de personalidad (siempre cambia).
Fuego	Intenciones concentradas rajásicas	3º Manipura	Concentración, fuerza de voluntad, poder, confianza, deseos, actitud de poder hacer las cosas, proactivo, dinámico, liderazgo, determinación, autoridad, presencia regia.	Irascible, caprichoso, disperso, falta de concentración, falta de seguimiento de las ideas, dominante, poco apetito, agresivo, tendencia a cometer abusos.

Aire	Claridad sáttvica/ Intención concentrada rajásica (a veces)	4º Anahata	Conciencia sutil, intuición, abierto a la posibilidad, expandido.	Desapego de la vida, desarraigado, incoherente, poco fiable, falta de concentración y de seguimiento.
Éter	Claridad sáttvica	5º Vishudda	Neutral al halago o al insulto, conciencia, comunicación clara, sinceridad.	Incumplimiento de las reglas, irrespetuoso con la autoridad, deshonesto.

Sigamos determinando tu constitución y temperamento

Veamos formas de identificar tu constitución temperamental y elemental. Aunque ya has hecho los tests para hacerte una idea, ahora vamos a profundizar más en ambos temas a través de la práctica intuitiva. Hay dos formas principales de descubrir la constitución elemental de una persona. La primera se basa en la autoindagación. Coge una hoja de papel y anota los cinco elementos. Ahora que ya tienes una idea de lo que representa cada uno, elige el que más te atraiga. Escribe el número junto al elemento por el que sientes más predilección. Revisa los otros cuatro elementos y numéralos del dos al cinco; el dos será el siguiente elemento que más te gusta, y así sucesivamente. El tiempo que tardes en completar el ejercicio dependerá del grado de conocimiento que tengas sobre ti mismo.

¡Si lo haces fácilmente, excelente! Si no, sigue intentándolo y no te preocupes. Solo es un punto de partida para que te conozcas mejor.

Cuando hayas identificado los dos elementos hacia los cuales te sientes más atraído, en el siguiente capítulo podrás revisar las técnicas que corresponden a tus elementos favoritos. ¿Te resultan atractivas? ¿Te parecen que son aptas para ti? Si es así, es que has identificado correctamente tu constitución de acuerdo con tus preferencias y tendencias. Ahora presta atención al elemento que menos te gusta y a las técnicas que le corresponden. ¿Te parecen poco atractivas? ¿Te sientes misteriosamente atraído hacia ellas aunque no te gusten? Es importante que tengas todo esto en cuenta. Con frecuencia, el elemento hacia el cual nos sentimos menos atraídos es aquel que más atención necesita. No necesariamente ha de ser el elemento más débil, pero sí el que está más descompensado. Con el tiempo, si practicas la observación y el discernimiento interior, podrás vislumbrar las diferencias entre lo que realmente eres en tu verdadera esencia y lo que percibes que eres externamente. Es normal que tu valoración inicial no sea muy exacta; es una estimación de lo que eres ahora y de todo lo que ha de volver a su equilibrio.

La segunda forma de conocer cuál es tu constitución elemental es a través de una carta astral, porque cada planeta corresponde a un elemento. Un buen astrólogo podrá decirte cuáles son tus elementos primordiales basándose en lo que ve en tu carta. No obstante, no recomiendo esta opción porque es una solución rápida que no te enseña a conocerte a ti mismo. Si alguien te dice lo que eres, esto niega el proceso de autodescubrimiento, que es esencial para vivir de forma equilibrada y gozar de una excelente salud física, mental y emocional. Cuando estás desconectado de ti mismo, las experiencias negativas y las enfermedades aparecen sin causa aparente. Siempre hay pistas y señales de advertencia en el camino; es solo una cuestión de percepción y de que la persona esté atenta para leer las señales que le brinda la vida. Para que una persona pueda trabajar con su energía sutil deberá desarrollar una percepción igualmente sutil. Inicia el proceso de cultivar la percepción sutil analizando tu naturaleza y tu carácter. Cuando ya tengas una idea de cuál crees que es tu constitución elemental, si deseas corroborarlo con un astrólogo, adelante. Ambas visiones combinadas pueden ser una herramienta de aprendizaje, pero primero intenta hacer el trabajo bien hecho por ti mismo.

Cuando hayas puntuado cada elemento, procura determinar qué porcentaje de cada uno de ellos crees que hay en tu interior (puedes hacerte una idea gracias al test que has hecho antes). Esto te ayudará a decidir por qué técnicas del capítulo 6 quieres empezar. Los elementos no están repartidos equitativamente en el interior de una persona. Dos personas pueden tener la misma calificación del uno al cinco y tener una constitución de gunas totalmente diferente. Una vez que hayas determinado tu constitución elemental y sus porcentajes, observa a qué gunas pertenecen. Los elementos tierra y agua, pertenecen al guna tamas, el fuego, a rajas, y el aire y el éter, a sattva. A veces el agua y el aire también pueden ser rajásicos, pero esto se aplicaría más a la perspectiva del temperamento que a la de la constitución del cuerpo físico. Veamos el ejemplo que viene a continuación:

Elemento	Guna	1-5 categoría	Porcentaje
Tierra	Tamas – base	2	25%
Agua	Tamas – base Rajas – intención concentrada	4	15%
Fuego	Rajas – intención concentrada	3	25%
Aire	Sattva – claridad Rajas – intención concentrada	5	5%
Éter	Sattva – claridad	1	30%

Esta persona tiende a ser bastante práctica por naturaleza, pero también tiene mucha claridad conceptual que la atraerá hacia la búsqueda de la espiritualidad y la filosofía. Es una persona que está igualmente dividida entre rasgos tamásicos y sáttvicos, por lo que puede utilizar eficazmente cualquiera de las modalidades de curación: que correspondan a sus elementos o a sus gunas. Dicho esto, la modalidad basada en el temperamento (guna) probablemente le vaya mejor como punto de partida, porque complacerá tanto a la mente como al cuerpo. Sin embargo, una persona en la que predomine la tierra o el agua, nunca deberá descuidar su cuerpo y su capacidad de estimulación sensorial en lo que respecta a la curación. Las cosas terrenales tangibles, los aromas y las especias son buenos instrumentos para una persona con esta constitución.

El ejercicio que hemos hecho servirá de punto de partida en nuestro camino de autodescubrimiento. Tener en cuenta la constitución elemental de una persona puede ayudarnos a entender su temperamento. Puesto que éste se puede manifestar de tantas formas distintas, comprender su esencia nos ayudará a comprender los distintos tipos de actividades que pueden aportarnos más éxitos y realización personal en nuestra vida. La dificultad de trabajar con el temperamento se presenta cuando la constitución física no está en armonía con él. Si uno está desarmonizado, el otro también lo estará porque son las dos caras de una misma moneda. El cuerpo no es más que una extensión del temperamento y está diseñado para que la persona pueda vivir de acuerdo con él, por consiguiente, ambos deberán trabajar como uno solo. Cuando no hay armonía entre el temperamento y la constitución física, podemos sacar falsas conclusiones sobre cómo es una persona y lo que ha de hacer para triunfar en la vida.

Si en la constitución elemental de una persona predomina el fuego, el aire o el éter, recomiendo definitivamente un enfoque basado en el temperamento para abordar su curación. El fuego, el aire o el espacio tienen una fuerte tendencia hacia la comprensión de la verdadera esencia del mundo y de su propia esencia. Para una persona en la que predomine alguno de estos elementos comprender cómo funciona el proceso y por qué se lleva a cabo será tan importante como seguir el propio proceso. La claridad conceptual es importante para que alguien que tiene una mente creativa y abierta pueda conectar realmente con cualquier actividad que realice.

Ahora que ya hemos visto los elementos más importantes de la constitución sutil y física, veamos el cuerpo físico antes de adentrarnos en las modalidades de curación que mejor se pueden adaptar a tu situación personal.

El temperamento, los elementos y el cuerpo físico

El cuerpo físico es la forma de energía sutil más densa que existe. Es la manifestación de la combinación de las energías que hay en el interior de cada persona. De hecho, el cuerpo físico se puede considerar como una forma de energía más densa de todo lo que es más sutil en la naturaleza. El temperamento no solo se puede observar a través del cuerpo físico, sino que es lo que determina su propia estructura. Lo que determina si una persona es alta, baja, corpulenta, esbelta, fuerte, débil, voluptuosa o pequeña es el temperamento; tanto el temperamento innato como la medida en que vivimos de acuerdo con él. El temperamento también es el que determina nuestra constitución elemental, y ésta es la que más influye en la forma y el tipo de cuerpo.

Cuando conseguimos que el cuerpo esté en un estado de equilibrio y bienestar, podemos cambiar su aspecto físico a través del proceso de fortalecimiento de las cualidades del temperamento. La constitución física no cambiará, pero sí la forma en que se comporta el cuerpo. Por ejemplo, un exceso de peso en la región abdominal puede significar que la persona es demasiado blanda, que le falta fuerza de voluntad o de concentración. Recuerda que el elemento fuego está situado en el tercer chakra en la zona del ombligo. Cuando el fuego es fuerte y vigoroso, la digestión también lo será. La fuerza de voluntad será fuerte. El fuego está conectado con rajas y con el movimiento. El exceso de energía tamásica es lo que genera el exceso de peso. Si el fuego y rajas funcionan bien, esto no sucede. Todo está interconectado. Siempre que la conciencia de un chakra en particular se desestabiliza, la zona correspondiente del cuerpo también tiene problemas.

Veamos algunos ejemplos sobre cómo influirán en la forma y la estructura del cuerpo físico las distintas constituciones elementales. Esto no son más que ejemplos que nos ayudarán a aclarar conceptos y a ver en la práctica cómo modelan los elementos la estructura física. Utilizaré algunos ejemplos extremos para que las características sean más evidentes.

En las personas bajas y robustas suele predominar el elemento tierra. Si a una persona baja le añadimos un poco de grasa y curvas a su físico, tenemos una combinación donde predomina la tierra y el agua. Si este mismo tipo de persona no tuviera muchas curvas, no fuera ni gorda, ni flaca ni delgada, pero estuviera sana y bien cuidada, eso indicaría un predominio de los elementos tierra y fuego. Para que haya mucho fuego hace falta ser robusto, pero el fuego en sí mismo esculpirá a estas personas y no tendrán una constitución redondeada propia del elemento agua. El fuego y el agua son elementos opuestos, y es poco probable que en una persona predominen ambos en su naturaleza.

Veamos ahora una persona muy alta. La altura es propia de los elementos aire y éter. Si alguien es alto y delgado, pero parece ser de constitución robusta, es probable que predomine el aire y el fuego. Alta y delgada, pero débil y frágil mostraría un predominio de aire y éter. Una persona muy alta y muy robusta, pero sin sobrepeso o grasa, es un ejemplo de la combinación de los elementos aire y tierra. Observa estos ejemplos para profundizar en tus conocimientos. Cuando no predominan uno o dos elementos es más difícil identificar la constitución elemental de una persona, aunque no es imposible.

El elemento éter no se detecta automáticamente, pero se puede sentir. ¿Has conocido alguna vez a alguien con una energía fuera de lo común o desproporcionada para su físico? No me estoy refiriendo a una energía poderosa, sino a esas personas que parece que vayan a abarcar más de lo que en realidad pueden. Es sutil, pero es el elemento éter. Puesto que el éter también es espacio, la inmensidad es el atributo que aporta el éter a las personas. Aunque una persona sea baja, si tiene mucho éter, se sentirá energéticamente como si fuera mucho más de lo que aparenta.

Resumen

En este capítulo hemos visto detenidamente la tendencia interna (temperamento) y la constitución física, y la forma en que ambas se relacionan con la energía sutil de los gunas y de los elementos. Esto es lo que determina el tipo de energía sutil que más influirá en tu vida, puesto que es lo que te hace ser quien eres física y mentalmente. Has podido hacer dos tests que te han servido para descubrir la esencia de tu temperamento y de tu constitución física, y has aprendido otras formas de profundizar en tu indagación sobre lo que te hace único.

En la primera parte del libro hemos visto el concepto general de lo que es la curación vibracional, la forma en que se relaciona con la mente, el corazón, el cuerpo, la prosperidad interior, y los aspectos de la vida espiritual. Hemos visto qué es la energía sutil y de dónde procede. Hemos revisado los chakras principales y su relación con el estado de salud general, y explicado de qué forma la conciencia vinculada a cada uno de estos centros de energía influye en la circulación de la energía sutil de nuestro cuerpo. También hemos visto la energía sutil que crea el temperamento general y la constitución física, a través de los gunas y de los elementos.

En la segunda parte, veremos las distintas modalidades de salud y de curación vibracional y su relación con los gunas y con los elementos. También aprenderemos técnicas específicas para practicar con todos los gunas y elementos. Esto te permitirá elegir una modalidad basada en tu temperamento (guna) para recobrar el bienestar, o bien una que se base en tu constitución física (elementos). ¡Ahora vamos a lo que estás esperando!

. . . .

SEGUNDA PARTE

TÉCNICAS Y HERRAMIENTAS PARA LA CURACIÓN

Hemos visto muchas cosas sobre la energía sutil, su funcionamiento, y cómo puede influir en la curación vibracional. Hemos visto todos los aspectos que constituyen el temperamento y la constitución física. Ahora ha llegado el momento de determinar qué técnicas de la curación vibracional son las más adecuadas para ti. En los capítulos siguientes veremos detenidamente cómo podemos utilizar el temperamento y la constitución física para averiguar qué modalidad se adapta mejor a tu situación, también describiremos de qué forma cada una de ellas corresponde a un guna y a una constitución elemental.

Ahora hablaremos de la estrategia para ayudarte a identificar las mejores modalidades para tus necesidades actuales. Tienes que ser sincero contigo mismo; la sinceridad y la autoindagación serán las que te indicarán el camino correcto. Lo primero que has de preguntarte es: «¿Cómo me relaciono con el mundo?» Puedes hacerlo desde dos perspectivas. Una es la constitución elemental (tipo de energía física), y la otra fijándote en tu temperamento y su correspondencia con los gunas (tipo de energía mental y espiritual). Ambas están relacionadas; simplemente son puntos de partida distintos. ¿Te relacionas mejor con la vida a través de la percepción sensorial física y la experiencia directa o mejor a través de los ideales y de la finalidad que le has dado a tu vida? Si te relacionas mejor a través de la percepción sensorial, que se refiere a tu cuerpo físico, te recomiendo que utilices técnicas de curación que se relacionen con tu constitución elemental, la cual podrás determinar a través del test de constitución elemental del capítulo 3. Esta modalidad también funciona muy bien cuando una persona no tiene ni la menor idea de qué es lo que ha venido a hacer a este mundo, cuál es su propósito, ni cuáles son sus creencias. Trabajando con las técnicas de los elementos podrás sentir directamente qué es lo que a ti te funciona, lo que te sienta bien físicamente y qué es lo que fortalece tus emociones y tu cuerpo físico.

Si te relacionas con la vida con más intensidad a través de tus ideales y de tu propósito (tipo de energía mente y espíritu), lo mejor es que utilices técnicas que actúen directamente sobre el temperamento y la constitución gúnica.

Al descubrir cuál es tu constitución elemental, te resultará más fácil saber cuál es tu constitución gúnica. Conocer tus gunas te ayudará a responder a las preguntas generales sobre cuál es tu camino y tu visión de la vida. También puedes descubrir tu constitución elemental comprendiendo tus gunas y tu temperamento, pero es más difícil. La diferencia básica entre ambas perspectivas solo es el punto de partida; al final todo se fusiona en todo lo demás. Las modalidades que se basan en el temperamento y en los gunas son modalidades elementales y viceversa. Las he diferenciado únicamente porque las personas tienen diversas formas de entender la vida y de relacionarse con ella, ya sea utilizando los sentidos para pasar gradualmente a aspectos más profundos, o empezando desde lo más profundo hasta llegar a manifestarse en lo externo. Una vez que hayas decidido por cuál de estos dos enfoques empezar, ¡qué empiece la fiesta!

Puesto que cada persona básicamente tiene un temperamento y una constitución física diferente, cada cual tendrá un punto de partida distinto y su propia forma de enfocar el tema de la curación. Si el color es un medio que te gusta, úsalo. Si los sonidos de la naturaleza te gustan, pero no te gustan los mantras o trabajar con el color, ¡utiliza la naturaleza! No hay un método bueno o malo para lograr el bienestar, solo lo que más le conviene a una persona basándose en su propio temperamento. Las frecuencias vibracionales del temperamento de una persona se solapan, lo que facilita que haya muchas formas de conseguir un efecto positivo sobre la salud.

Otro aspecto que hay que tener en cuenta al iniciar tu viaje hacia la curación vibracional es tener expectativas realistas. Los desequilibrios mentales y emocionales han de recibir la misma atención —si no más— que la manifestación física de la enfermedad, porque son la principal causa del trastorno físico. La curación vibracional no es mágica. Sigue su propio sistema de reglas y es necesario entenderlo para que funcione bien. Sigue las directrices que te den y pon en práctica con diligencia la modalidad que hayas escogido; solo entonces tendrás la oportunidad de curarte y de desbloquearte desde dentro hacia afuera.

No te olvides del cuerpo físico

Aunque parezca que la curación vibracional hace hincapié en los desequilibrios mentales y emocionales, esto se debe a que normalmente en los sistemas sanitarios convencionales se descuida la función positiva de la mente y del espíritu. No obstante, en primer lugar prestaremos atención a los aspectos prácticos del cuidado corporal. Puesto que las enfermedades físicas suelen ser lo que nos ha inducido a buscar un método de curación, los siguientes puntos son los pilares de cualquier modalidad de curación vibracional que utilices.

Hacer ejercicio: lo que causa los problemas físicos es la energía estancada o bloqueada. Un gran porcentaje de problemas de salud físicos desaparece con cuidados apropiados y haciendo ejercicio físico. El tipo de ejercicio y los beneficios que éste aportará, serán distintos para cada persona. Conocer tu estructura física innata, que se basa en el temperamento y el propósito de la vida, puede ayudarte a fijarte unas metas realistas en tu programa de gimnasia. En este contexto hacer ejercicio no es para lograr una meta específica, sino para mantener el cuerpo en forma a través del movimiento y aliviar el estancamiento.

Al mantener el cuerpo en buena condición física el exceso de guna tamas y de inercia desaparece del cuerpo físico y energético. Cuanto menos exceso de energía tamásica haya en nuestro cuerpo, mejor se moverá la energía a través de él. Todo el mundo sabe que el yoga enseña a aliviar diferentes enfermedades a través de sus posturas. La mayoría de las posturas están diseñadas para llevar la respiración, el prana y el movimiento a las zonas donde se ha estancado la energía. El kundalini yoga y el kriya yoga son medios especialmente potentes para mover la energía sutil a través del cuerpo y corregir los problemas de salud físicos, pero la intensidad de estas prácticas no siempre es apta para personas que padecen enfermedades graves. A veces no es posible hacer ejercicio por culpa de una de estas enfermedades, si éste no es tu caso, te recomiendo que lo hagas. Prevenir es mejor que curar.

Hidratación: el mero hecho de mantenerte bien hidratado bebiendo mucha agua puede favorecer la curación tanto física como emocional. Beber mucha agua ayuda a expulsar las toxinas físicamente, y cuando sucede esto en el plano físico, también sucede en el energético, puesto que ambos están conectados. Bañarte o ducharte a diario también ayuda. El contacto del agua sobre el cuerpo físico da una sensación de limpieza y confort, que despertará sentimientos positivos en el cuerpo. ¿Has deseado alguna vez darte un agradable baño de agua caliente después de un estresante día de trabajo? El bienestar que aporta el agua caliente cuando la utilizamos conscientemente con una intención positiva, puede hacer que la vida resulte más agradable.

Sentimientos positivos: puesto que las enfermedades se originan en un plano energético en el cuerpo sutil, trabajar directamente sobre las emociones puede tratar las manifestaciones de las enfermedades antes de que éstas lleguen a afectar realmente al cuerpo físico. Nunca me cansaré de insistir en lo importante que es cultivar sentimientos positivos para la salud y el bienestar general. Cuando una persona empieza a hacer las paces con la vida, ésta mejora. Mejora su salud. Mejora su grado de conexión espiritual. La energía fluye libremente y mejora su salud, su felicidad y su calidad de vida.

¡Ahora veamos las distintas técnicas e instrumentos de la curación vibracional!

4

· · · · · · · · · ·

Modalidades de curación según la constitución física (los elementos)

Introducción a las modalidades de curación por los elementos

Veamos algunas modalidades de curación y de qué forma se relacionan con la composición elemental de una persona. (*Véase el test del capítulo 3 para determinar tu constitución elemental.*) Cuando nos planteamos la curación basándonos en la constitución física, suele haber dos vías que se complementan. Una es utilizar el método con el que más se identifique la persona. Por ejemplo, si una persona tiene mucho elemento tierra, utilizar una técnica como la aromaterapia sería una buena forma de trabajar con la energía. La otra forma es usar la modalidad que corresponde a un área debilitada o con problemas en su constitución física. Por ejemplo, una buena opción para una persona que quiere desarrollar su concentración y fuerza de voluntad sería utilizar una técnica del elemento fuego. Una tercera forma es buscar una modalidad que combine elementos que pertenezcan a los talentos y a las flaquezas de una persona. Si tienes fuego y aire, deberías probar la «*Técnica de pranayama para disipar la energía negativa*» del capítulo 6. La forma en que la utilices dependerá enteramente de ti, y necesitarás práctica para descubrir qué es lo que mejor te va (o lo que no te va bien). Cada persona tiene una constitución elemental y una disposición general diferente, por consiguiente, ¡no habrá ninguna técnica apta para todos!

Para trabajar bien con las modalidades relacionadas con los elementos y comprender la constitución elemental de una persona, empieza evaluando lo que le gusta y lo que no soporta. Ya hemos hablado de los atributos de los diferentes elementos. Anota cada uno de los elementos y algunos de los atributos que los caracterizan. Por ejemplo, el éter se correspondería con el sonido, la música, la voz, los mantras, y cualquier cosa relacionada con el sonido o con el espacio. Cuando hayas terminado la lista, puntúa cada elemento del uno al cinco; el uno indicará tu preferencia principal. Te recomiendo que empieces por una modalidad hacia la cual te sientas muy atraído, algo que te despierte la alegría y que te fascine. Con esto conseguirás que todo el proceso de exploración de la curación con energía vibracional se convierta en una experiencia positiva y válida, cosa que es muy importante, ya que cuando algo te gusta es más probable que lo sigas practicando y aprendiendo. Llegar a entender cada modalidad exige bastante tiempo, por lo tanto has de ser constante para llegar al fondo de cada una de ellas. Empecemos explorando algunas modalidades que están conectadas con el elemento tierra.

Aquí tienes una tabla que muestra los atributos básicos de cada elemento.

Elemento	Percepción sensorial	Atributos
Tierra	Olfato	Sólido, rígido, fijo, contiene a todos los demás elementos dentro de sí.
Agua	Gusto	Flexible, fluida, adaptable, puede asimilar las vibraciones de cualquier cosa, purificadora, adopta la forma de cualquier recipiente.
Fuego	Vista	Energía destructiva para liberar a la energía sutil del lugar donde se ha quedado estancada, con el fin de utilizarla con otros fines.

Aire	Tacto	Ligereza, no restringida, expansiva, fluye libremente.
Éter	Oído	El más sutil de los elementos, corriente de sonido, corriente vibratoria pura que puede crear luz y sonido.

Modalidades de curación del elemento tierra

El elemento tierra tiene muchísimas modalidades porque es el elemento que representa todo lo tangible y táctil. Puesto que abunda la tierra en la composición de nuestro cuerpo físico, hay muchas técnicas de todas las partes del mundo que se pueden utilizar para garantizar su buena conservación. Al trabajar con el elemento tierra actuamos directamente sobre el cuerpo físico y también podemos devolverle el estado de equilibrio al chakra raíz /Muladhara) y al aspecto de la conciencia que se manifiesta en este centro de energía y que se asocia a la estabilidad, los cimientos sólidos y al propósito general de la vida.

Otro de los beneficios de las técnicas que trabajan con el elemento tierra es su eficacia para corregir los problemas de salud físicos. «Lo semejante atrae a lo semejante»; muchas veces la densidad del cuerpo físico necesita algo igualmente denso para lograr un estado de óptimo bienestar. Cuando la enfermedad ha alcanzado al cuerpo físico, a éste habrá que tratarlo con otros medios físicos y tangibles. Por ejemplo, escuchar una canción puede hacer que te sientas mejor emocionalmente, pero no es probable que te sirva para curar una herida física. Puesto que el elemento tierra contiene la esencia sutil del resto de los elementos, los materiales terrenales pueden influir directamente en los otros elementos, en los sentidos e incluso en las emociones y el temperamento psicológico. Las técnicas de curación para el elemento tierra son con diferencia las más diversas, eclécticas y poderosas porque trabajan en todas las partes del sistema integrado de cuerpo, mente y alma. Ésta es la razón por la que dedicaremos bastante tiempo a ver las distintas modalidades asociadas al elemento tierra.

La aromaterapia es una técnica muy potente del elemento tierra. Puesto que la tierra gobierna el sentido del olfato, la aromaterapia se encuentra dentro de la categoría de las técnicas para dicho elemento. El olfato es el sentido primario de percepción sensorial relacionado con la intuición y los instintos, y también rige el sentido del gusto. La aromaterapia es una de las múltiples técnicas que es extraordinariamente versátil y que puede tener un efecto combinado con otros elementos y aplicaciones, el masaje es un buen ejemplo. Muchos terapeutas utilizan un aceite de masaje base, al que le añaden una fragancia para equilibrar nuestro organismo.

Hay fragancias para cada chakra; las hay que actúan sobre las emociones, los trastornos mentales, y muchos otros. Un buen aromaterapeuta utilizará las propiedades de distintas fragancias para armonizar el cuerpo, la mente o los desequilibrios emocionales de sus pacientes. Cualquier síntoma, desde dolor muscular, dolor de cabeza, dolor nervioso, hasta la ansiedad se pueden tratar utilizando adecuadamente esta técnica. Hay muchas formas de aplicarla. En casa, lo más habitual es utilizar un popurrí. El olor de la cena favorita de una persona también puede ser aromaterapia, porque tiene un efecto positivo en su mente.

Los aceites esenciales son otro método habitual y puedes conseguirlos casi para cualquier fragancia que desees. Algunos de ellos se pueden ingerir como suplemento dietético, aunque la mayoría son para uso externo o para inhalarlos. Los beneficios de los aceites esenciales se deben a su potencia y su concentración. Si cortas una naranja fresca, el olor será sutil. Si hueles un aceite esencial de naranja, la fragancia estará muy concentrada y será un poderoso instrumento de aromaterapia. No todas las personas necesitan cosas tan concentradas, así que te invito a que descubras qué es lo que mejor se adapta a ti y observes por qué: esta observación te ayudará a entender mejor tus puntos fuertes y tus puntos débiles, a la vez que te aportará un mayor conocimiento sobre ti mismo.

Hay muchos libros, vídeos *online* y otras fuentes de información fiable sobre aromaterapia y los usos de los aceites esenciales. También numerosas empresas que venden aceites de distintos grados de pureza y para diversos fines terapéuticos. Si encuentras una buena marca de aceites de alta calidad podrás comprobar lo que pueden hacer. Los aceites esenciales más utilizados son lavanda, menta y eucaliptus. El de lavanda tiene un poderoso efecto antimicrobiano; también es muy eficaz para la ansiedad y los dolores de cabeza provocados por el estrés. La menta tiene un agradable efecto de reanimación cuando estamos cansados o bajos de moral, y también es un buen remedio para los dolores de cabeza. El eucalipto tiene propiedades analgésicas, y, en el aspecto espiritual, se considera que es un gran purificador. Estos no son más que unos pocos datos superficiales para que te hagas una idea de sus usos.

Las gemas y los cristales

El uso de gemas y cristales es otra de esas modalidades sumamente versátil que se puede utilizar para tratar la mente, el cuerpo, y el alma. Al igual que con la aromaterapia, hay muchos libros y buenos guías que nos ayudarán a profundizar en su utilización para equilibrar diferentes partes del cuerpo, los pensamientos, y los sentimientos. Las personas que tengan mucha tierra en su constitución elemental serán las que más se beneficiarán de las gemas y de los cristales, por el fenómeno de que «lo semejante atrae a lo semejante». Las gemas, igual que el cuerpo físico, son densas. Los materiales terrenales pueden influir más fácilmente en las vibraciones del plano físico.

Las gemas se pueden usar de varias formas. Puedes notar sus vibraciones simplemente teniéndolas en tu habitación, pero este efecto se intensifica cuando las sostienes en la mano o meditas con ellas. Cada tipo de gema o de cristal posee una vibración diferente, por lo que te recomiendo que investigues un poco antes de iniciar una terapia con gemas o cristales. Además de colocarlas encima de tu cuerpo de una manera concreta, también te las puedes guardar en un bolsillo para notar su vibración cerca o incluso hasta para llenar un vaso de agua potable. Se pueden aplicar directamente sobre cualquier parte del cuerpo, incluidas las zonas de los chakras, para estimular el movimiento de energía. Unas gemas absorberán la energía de la persona, mientras que otras transmitirán su energía.

Uno de los cristales más utilizados es el cuarzo, que tiene muchas aplicaciones. Los cristales de cuarzo son muy claros y tienen una vibración muy energética. Pueden encerrar muchas vibraciones energéticas en su interior y convertirse en un instrumento para facilitar distintos tipos de curación. Por ejemplo, se puede programar la energía de un mantra en un cristal de cuarzo, y éste puede sintonizar su vibración y emitirla una vez que haya sido cargado. El cuarzo también saca la negatividad del cuerpo absorbiéndola dentro del cristal, donde es energéticamente limpiada para expulsar fuera de él la energía negativa. El cristal de cuarzo emite una vibración muy energética que ayuda a disolver la energía tamásica y a promover la claridad y el bienestar general. Tener cristales de cuarzo en casa o en una habitación puede ayudar a limpiar la energía sutil del espacio.

El hematita es un ejemplo de piedra que se utiliza para arraigar o hacer más terrenales las energías sutiles. Para las personas que tienden a ser alocadas o que parece que estén flotando, el hematita puede ayudar a centrarse más y a conectar con el momento presente. Muchas piedras y cristales, incluido el cuarzo, se pueden limpiar energéticamente con agua y con luz solar. Hay algunas piedras a las que no les va bien la luz solar, y algunas que al ser de base mineral se disuelven en agua, de modo que es importante que investigues un poco sobre la piedra o gema en particular que vas a usar antes de utilizarla. Literalmente, hay piedras y cristales para cada cosa y muchas formas de usarlas en todos los planos físico, mental y anímico, dentro del contexto de la curación vibracional.

Las plantas, y las hierbas medicinales y las especias

Hay muchas plantas o partes de plantas que son conocidas por sus propiedades curativas. Tener unos conocimientos básicos de herboristería o del uso de las especias en la cocina nos aportará una amplia perspectiva sobre el poder de las plantas medicinales. En un principio, antes de que existieran los medicamentos sintéticos, los químicos o herbolarios utilizaban plantas para curar las enfermedades. La energía de las plantas se puede usar para muchos fines. Algunas (como el clavo de olor) matan gérmenes, otras tienen propiedades analgésicas o son rejuvenecedoras. Un ejemplo clásico de planta rejuvenecedora es el aloe vera. Algunas se han de hervir y otras se usan crudas; unas son para uso tópico y otras para ser ingeridas, eso depende de cada planta y de su uso específico. El aloe vera se puede utilizar externamente y ser ingerido con fines curativos. Las cebollas, por ejemplo, pueden disipar la energía tamásica. Son muy potentes cuando se toman crudas (por ejemplo, la cebolla morada de las ensaladas), pero su potencia no siempre es tan apetitosa para el estómago o el paladar como la cebolla cocida. La cúrcuma es un excelente ejemplo de especia cuyas propiedades se realzan al ser cocinada.

Cocinar suele ser una de las formas más prácticas en que una persona puede aprender las propiedades medicinales de las plantas. Cocinar con especias es una buena forma de prevenir y de curar. La raíz de jengibre es otro gran ejemplo de la multifuncionalidad de una planta y especia que se utiliza con fines terapéuticos. El jengibre se utiliza para los problemas de estómago, favorece la digestión y purifica el organismo. La cúrcuma es otra planta maravillosa. La ciencia está empezando a demostrar todas las maravillas que puede hacer, pero en el ámbito espiritual las propiedades purificadoras, internas y externas, de la cúrcuma se conocen desde hace cientos de años. Se puede utilizar para calmar la hinchazón y la inflamación, también disipa la energía de la ira. Puede expulsar la negatividad del cuerpo y limpiar el aura. También se aplica sobre la piel para suavizarla, estirarla, retrasar el crecimiento del pelo de la barba después del afeitado, y para matar los gérmenes. Eso sí, te teñirá la piel de amarillo o naranja, por lo que hay que usarla con cautela o ¡con mucho jabón! Incluirla en las comidas es una buena forma de beneficiarse de sus propiedades internas y reducir la inflamación de nuestro organismo. El cilantro fresco también se utiliza para la desintoxicación interna. La canela, para calentar el cuerpo, y ayuda a prevenir y a eliminar el estancamiento. El cardamomo hace justo lo contrario, es de naturaleza fría y favorece la digestión.

Las plantas y las hierbas medicinales se suelen utilizar en las ceremonias espirituales para fomentar la curación. La salvia blanca, por ejemplo, se puede quemar como el incienso y es una gran purificadora de la energía de una casa o de un espacio cerrado. El humo es como una escoba que engancha la negatividad y la barre. Si te interesan las hierbas o las plantas medicinales, profundiza en este tema. Las plantas pueden tratar cualquier cosa, desde un desequilibrio mental hasta una enfermedad física, lo que las convierte en instrumentos muy versátiles para la salud y la curación.

Estar en contacto con la naturaleza

Estar en contacto con la naturaleza, en la montaña, en el bosque, entre plantas, al aire fresco y bajo la luz solar es una gran forma de rejuvenecer el cuerpo, aliviar el estrés y sanar las emociones. La naturaleza siempre es la naturaleza, un árbol siempre es un árbol, y una flor es una flor. Nuestro sentido del yo innato, que con tanta facilidad olvidamos en nuestro ajetreado día a día, negándole nuestra atención a nuestra propia esencia, se manifiesta cuando estamos en contacto con la naturaleza. Puesto que un árbol no sabe ser otra cosa que un árbol, o una piedra otra cosa que una piedra, y así con todo lo demás, la naturaleza nos enseña a regresar a nuestra verdadera esencia y a que no intentemos ser lo que no somos. La naturaleza combina todas las fuerzas de los elementos y ayuda a que las personas puedan entrar en contacto con su propia constitución elemental.

La naturaleza también tiene otros dos grandes beneficios para la salud y la curación. En primer lugar, estar en contacto con la naturaleza promueve una limpieza natural de la energía sutil interna y externa de nuestro cuerpo. En segundo lugar, conectar directamente con la tierra es un medio de afianzar o arraigar (se utilizan habitualmente estas dos palabras) la energía. Afianzarnos nos permite estar más conectados con nosotros mismos y con el resto de la vida en general, del mismo modo que la electricidad necesita una toma de tierra como medida de seguridad. La energía etérica o el exceso de energía sutil en el cuerpo puede sobrecargar al cuerpo sutil y provocar dolores y otros trastornos físicos. Cuando la energía está correctamente arraigada te sientes estable, fluyes sin problemas y notas que tienes más vitalidad y poder, porque el enraizamiento ayuda mucho a equilibrar el flujo de energía en el cuerpo. Arraigar la energía también nos ayuda a eliminar la negatividad y el estrés del cuerpo y entregárselo directamente a la tierra. Puesto que la tierra está hecha de materiales en descomposición y contiene la esencia sutil de todos los demás elementos, tiene un poder especial para absorber y neutralizar la energía; puede absorber cualquier energía y descomponerla hasta reconvertirla en su versión original. Del mismo modo que el excremento se utiliza como abono, también podemos entregar toda nuestra basura y energía negativa directamente a la tierra y ésta la utilizará para abonar hermosas plantas y flores. *Para aprender una técnica para arraigar tu energía véase «Visualización para arraigar la energía» del capítulo 6.*

Una sencilla forma de conectar directamente con la naturaleza es estar algún tiempo en un entorno natural. Camina descalzo por la tierra. Siente la corriente del agua de un río en tus pies y manos. Dedica algún tiempo a conectar con lo que te rodea y conecta bien tu energía con el latido de la tierra. La naturaleza aporta beneficios físicos, emocionales, psicológicos, espirituales, y en el plano energético sutil de la existencia. ¡No hay ningún aspecto de la vida que no mejore estando en contacto con la naturaleza!

La sal en la curación y en la salud

La sal es una gran purificadora, absorbe agua, y como tal, absorbe todas las vibraciones que contenga el agua. Al fusionarse con el agua purifica cualquier espacio donde ésta se encuentre. Puedes usar sal para hacerte una exfoliación corporal y rejuvenecer la piel. Un baño con sales de Epsom (sulfato de magnesio) expulsa el dolor, la negatividad y el estrés del cuerpo. Incluso en nuestro organismo la sal limpia y purifica, y es una parte esencial de nuestra composición bioquímica, aunque se ha de usar con mesura para no elevar los niveles de sodio. Un exceso de sal en el cuerpo es tóxico, de ahí que haya que utilizarla con precaución.

En el aspecto espiritual, la sal puede ayudarnos a protegernos energéticamente para alejar las vibraciones negativas o favorecer la absorción de las positivas. Se puede usar para eliminar las vibraciones negativas de una casa o de un despacho. Una manera de hacerlo es rociar con agua con sal las zonas donde hay puertas de entrada para alejar las vibraciones negativas. Tener sal esparcida por diferentes sitios hace que las vibraciones negativas queden atrapadas en la sal y que no puedan afectar a la energía del cuerpo. Puedes comprobarlo estando un rato en la playa cerca del mar. El agua salada del mar es una gran purificadora del cuerpo, de la mente y del espíritu. La sal atrapa la negatividad y el agua se la lleva.

Puesto que la sal expulsa la negatividad, se puede considerar que tiene una potencia destructiva. Por ejemplo, si se pone sal sobre la tierra, no crecerán plantas en esa zona. La sal matará la hierba si se echa demasiada. La destrucción de la negatividad es buena, pero demasiada energía destructiva también puede destruir lo que es bueno y favorable para la vida.

Modalidades de curación del elemento agua

Casi el 70 por ciento de nuestro cuerpo está compuesto por agua. Todos los fluidos corporales pertenecen a este elemento. Los fluidos corporales tienen dos funciones principales en la vida: transportar nutrientes a todas las partes del cuerpo y eliminar los productos de desecho. La naturaleza fluida del agua permite el cambio, y el cambio es un ingrediente necesario para el bienestar. El cuerpo siempre está activo, el corazón late incesantemente y los órganos no dejan de funcionar. El mayor enemigo del cuerpo es el estancamiento. Mantener las cosas en movimiento es la clave para la salud, y el agua es el factor primordial para mantener equilibrados los sistemas corporales.

El agua desempeña un papel esencial en nuestro bienestar en todas las formas de curación vibracional. Los fluidos corporales son un poderoso medio a través del cual se mueve la energía sutil. El elemento agua transporta las vibraciones de la energía positiva y curativa a través de todo el cuerpo. La naturaleza del agua es cambiante, y como tal se puede cargar con las vibraciones positivas y curativas de muchas cosas distintas. Hay técnicas para cargar el agua con las vibraciones de las piedras, de los metales, de los mantras, del prana, y de otras fuerzas energéticas sutiles, que veremos en breve.

El elemento agua está conectado con el segundo chakra, que se considera «la morada del yo». Por esta razón, el segundo chakra y el agua son muy importantes para comprender y desarrollar quiénes somos. Cuando el elemento agua transporta vibraciones positivas a través del cuerpo, es más fácil gozar de un buen estado de salud general. Cuando está cargado de vibraciones negativas, entre las que se pueden incluir pensamientos y cualquier creencia negativa que albergue una persona, ésas serán las vibraciones que recorrerán su cuerpo y llegarán hasta el mismísimo nivel celular. El cuerpo responde intensamente a la energía que encierra.

Las modalidades de curación del elemento agua ayudan a restaurar el flujo de las energías que se han quedado estancadas. Puesto que el agua está conectada con las emociones y con los sentimientos, las modalidades de este elemento normalmente restablecen el bienestar actuando en el plano emocional. Debido a la naturaleza volátil de las emociones, las modalidades del agua deben ser aplicadas con compasión hacia uno mismo, puesto que pueden movilizar rápidamente las energías estancadas y desencadenar una marea de emociones que estaban guardadas. Los sentimientos estancados en el cuerpo no tienen la oportunidad de expresarse hasta que su energía se empieza a mover, por consiguiente, cuando esta energía se desatasca y empieza a fluir, es probable que aparezcan muchos sentimientos negativos y que experimentemos turbulencias durante este proceso de limpieza. Si la energía sigue moviéndose, las emociones que habían quedado atrapadas en la energía estancada desaparecerán. Las modalidades del elemento agua se pueden aplicar de dos formas: trabajando directamente con las emociones o cargando el agua con cualidades de otras cosas, a fin de eliminar el estancamiento en el plano sutil. Veamos algunas técnicas que actúan directamente con el agua.

Cargar el elemento agua con vibraciones de energía sutil

El agua se puede cargar con la vibración de prácticamente cualquier cosa, lo que la convierte en un conducto dinámico para atraer distintos tipos de vibraciones de energía a todas las partes del cuerpo. Algunos de los ejemplos más conocidos son las esencias florales. Se aprovechan las cualidades vibratorias de las flores transfiriendo parte de su vibración a un líquido. Aunque ya no queda nada de la flor en la esencia floral, el agua contiene su energía sutil, y como tal, también sus atributos. Éste es también el concepto que se utiliza en la medicina ayurvédica y en otras prácticas holísticas cuando no es posible o práctico consumir la propia sustancia. Por ejemplo, el agua se puede cargar con las vibraciones de diferentes gemas, cristales o metales. Cuando llevamos una gema o la tenemos cerca de nuestro cuerpo, sus vibraciones nos afectan. Cuando el agua está cargada con su esencia y luego nos la bebemos, esas vibraciones pueden calar más hondo en nuestro cuerpo y ayudarnos a restaurar su equilibrio desde dentro.

La energía sutil utilizada de este modo suele trabajar más en el plano emocional y mental, pero utilizada sistemáticamente y con la energía adecuada para el problema que queramos tratar, también es eficaz para tratar el cuerpo físico. Podemos cargar el agua con la luz del sol o de la luna para que absorba sus cualidades. Podemos añadirle un mantra o una afirmación cantando un mantra mientras sostenemos un vaso de agua o tocándola directamente mientras cantamos. Hablaré con más detenimiento sobre el uso de los mantras cuando veamos el elemento éter, pero combinar un mantra con agua puede acelerar la acción de éste en el plano físico. Al combinar la energía sutil con un material tangible como el agua, el cuerpo físico recibe los efectos más pronto. Lo semejante funciona mejor con lo semejante, y puesto que el cuerpo tiene un alto porcentaje de los elementos tierra y agua, las técnicas de dichos elementos actúan más rápido en el cuerpo que las modalidades más sutiles de los elementos fuego, aire y éter. Muchas veces lo que nos parece que es de naturaleza física se debe a un desequilibrio en otra área, pero cuando hay algo que afecta directamente al cuerpo físico como una herida o un problema visible, las modalidades de la tierra y del agua actúan más rápidamente porque su naturaleza es más física, como el propio cuerpo.

Investiga un poco para averiguar cuál es la mejor forma que tienes de utilizar las modalidades relacionadas con el elemento agua. Cuando recurras a las esencias florales es mejor que te las recete algún experto en lugar de intentar preparártelas tú mismo. Cargar el agua con las vibraciones de algún mantra o gema es más sencillo y puedes hacerlo en casa, pero aun así hace falta tener ciertos conocimientos sobre el tema. Por ejemplo, cargar el agua con los atributos de las gemas no es lo mismo que hacerlo con el de los metales. Si quieres profundizar sobre el tema, haz algún curso impartido por algún experto en la materia.

Enjuagues de aceite, de sésamo y con otros aceites

El aceite de sésamo es un clásico de los aceites terapéuticos que se utiliza tanto en la cocina, como para masajes y otras aplicaciones. Se diferencia de otros aceites en que el de sésamo se dice que elimina la negatividad de la mente, del cuerpo y de las emociones. Debido a esta propiedad se emplea como base o como componente en muchas mezclas de aceites para masajes que se hacen en Oriente. Cuando se aplica sobre el cuerpo atrae la negatividad y la neutraliza. Puede calmar algunos dolores y malestares y es un buen aceite base para añadirle otras hierbas medicinales para el masaje.

Una de las aplicaciones más esotéricas del aceite de sésamo es la de los enjuagues. En la medicina ayurvédica se habla de los enjuagues y de los beneficios generales del aceite de sésamo y muchos otros aceites, pero los enjuagues de aceite son una técnica poco conocida en general, incluso entre los médicos ayurvédicos. Esta técnica consiste en ponerte en la boca una cucharadita o una cucharada de aceite de sésamo sin refinar e ir moviéndola suavemente por la boca dejando que pase a través de los dientes y que bañe las encías durante veinte minutos, por la mañana antes de desayunar o de beber. Luego la escupes y te lavas bien la boca con un elixir bucal. Es muy importante no tragarte el aceite, puesto que contendrá todas las toxinas que ha ido eliminando el cuerpo y que se van quedando enganchadas en él. El aceite de sésamo ayuda a expulsar las bacterias de todo nuestro organismo a través de la boca. No sé muy bien cómo actúa, pero sus efectos son innegables. Las razones de sus beneficios no se han estudiado lo suficiente, pero hay una teoría que dice que estos pueden deberse a que la lengua está conectada con todos los sistemas del cuerpo (como sucede con los pies y las manos que tienen puntos que conectan con todos los órganos del cuerpo, de ahí las técnicas de acupresión. Pues bien, con la lengua sucede lo mismo). En la medicina ayurvédica se dice que la práctica sistemática de hacer enjuagues de aceite puede llegar a eliminar trastornos crónicos para los que no hay tratamiento. Actúa en el plano físico, mental y emocional restaurando el equilibrio y expulsando la negatividad. Es un blanqueador dental natural y refuerza gradualmente los dientes y las encías. También se usan otros aceites como el de girasol, coco y almendra, pero el de sésamo sigue siendo el favorito por su propiedad de eliminar rápida y eficazmente la negatividad. El aceite de sésamo también tiene la propiedad de remineralizar los dientes y curar las pequeñas caries.

El aceite de ricino es otro aceite muy eficaz para el masaje, ya sea como aceite base para añadirle hierbas o por sí solo. El aceite de ricino tiene el efecto de calentar el cuerpo, debido a su bajo peso molecular se dice que es de fácil penetración; esto tiene un efecto positivo sobre los tejidos profundos. Como es de naturaleza caliente, tiene la propiedad de expulsar la energía estancada del cuerpo. Todo lo que es de naturaleza caliente tiene una energía dinámica y de movimiento que puede ayudar a que la energía que se mueve lentamente o que está estancada vuelva a fluir. En el elemento aire hablaremos de otros aceites específicos para masajes.

Agua con sal

Ya hemos visto la sal en su propia sección entre las modalidades para el elemento tierra. Cuando se combina con agua, se puede usar para expulsar la negatividad y la energía estancada del cuerpo. Un buen baño con sales de Epsom te demostrará el efecto relajante de las sales. Echar un poco de agua salada al elixir bucal o hacer gárgaras con agua salada es muy eficaz para desinfectar la boca. Desde una perspectiva natural, procura pasar un día cerca del mar. El mero hecho de estar en un ambiente en que el aire está impregnado de la sal marina te ayudará a purificar la mente y las emociones. Meterte en el agua eliminará la energía estancada del cuerpo. Piensa en la mentalidad del playero; no se preocupa de nada cuando está tumbado. Quizás se deba al efecto de estar cerca del agua salada, bajo los rayos solares, que también tienen un efecto muy purificador, y de conectarte directamente con la tierra. Compruébalo tú mismo y observa cómo rejuvenece tu alma.

El agua salada también se puede usar para purificar el hogar. Rociar un poco de agua salada en el umbral de la puerta de entrada ayudará a alejar la negatividad de la casa. Rociar periódicamente el aire disipará la energía negativa que se ha acumulado en el espacio, sin que tengas que usar incienso o humo, que puede ser molesto para las personas con asma u otros problemas respiratorios.

Modalidades de curación del elemento fuego

Como hemos visto, el elemento fuego se asocia con la concentración, la fuerza de voluntad, y el verdadero poder personal. Tiene la propiedad de calentar y de movilizar las energías estancadas. En cuanto a la mente y a las emociones, puede eliminar la negatividad quemando todo lo que no favorece el desarrollo del mayor potencial de una persona. El fuego limpia eliminando lo viejo y lo estancado, dejando lugar para que pueda florecer algo, pensamientos o emociones nuevas. Ser conscientes de que todo evoluciona y cambia nos ayuda a confiar en la vida. Es un alivio saber que podemos alimentar lo positivo y quemar lo que ya no sirve. El fuego está conectado con el sentido de la vista, que sutilmente se relaciona con la concentración y la percepción.

Cuando trabajamos con el elemento fuego es importante que entendamos su conexión con la ira. La ira es una manifestación emocional del fuego. Aunque no es la única forma en que se puede manifestar como emoción, hay que tener en cuenta que es altamente destructiva. Energéticamente, la ira es casi puro fuego, y, como tal, es muy destructiva. La ira además de ser una emoción muy de fuego, cuando es dirigida hacia el objeto que la ha despertado, se vuelve muy destructiva hacia éste. Cuando una persona tiene demasiado fuego en su interior y no sabe darle una expresión positiva, puede manifestarse como ira. No mezcles el fuego con las modalidades que trabajan con las emociones o que son del elemento agua, salvo que sepas muy bien lo que estás haciendo y tengas una buena formación en la modalidad específica que incorpora ambas. Un ejemplo sería hacer simultáneamente modalidades que realizan una profunda limpieza emocional (como ciertos tipos de yoga o pranayama) combinadas con técnicas que aumentan la concentración (como técnicas de visualización o de mirar la llama de una vela). Las emociones se han de eliminar del cuerpo con suavidad, en vez de incubarlas hasta el extremo de que prenda el fuego y se produzca un estallido emocional en toda regla. En lo que respecta a los elementos básicos, el agua apagará el fuego o el fuego hará hervir el agua. Ninguna de estas dos combinaciones es buena. Demasiado fuego mezclado con emociones es fácil que genere una gran agitación emocional, ira, y negatividad. Demasiadas emociones casi siempre merman la concentración y la fuerza de voluntad. El fuego en las emociones puede ocasionar problemas que no siempre pueden corregirse fácilmente. Veamos ahora algunas modalidades relacionadas con el elemento fuego que pueden aportar claridad y confianza en nuestra vida.

Cromoterapia

El color está conectado con el fuego a través de la vista. Trabajar con colores es una forma muy positiva de trabajar con las emociones para generar un cambio interior. Todos los colores tienen un significado: incluso para cada persona cada color tendrá un significado. Lo que me gusta del color es que lo encuentras por todas partes: en la comida, en la ropa, en el arte, en la naturaleza, y en muchos sitios más.

Veamos el color naranja, por ejemplo. El naranja con tonos de melocotón puede inspirar creatividad y vitalidad. Puedes usar los colores de muchas formas, según tus tendencias personales. Pintar una habitación de color melocotón es una gran forma de estimular la creatividad y el arte. Puedes comer alimentos naranja y conseguir el mismo efecto. Los melocotones, las naranjas, las zanahorias, los pimientos naranja, y otras frutas y verduras nutrirán tus energías creativas. Incluso tener alguna obra de arte colgada en la pared que contenga estos colores estimulará esta energía en tu interior. En la cocina, encontrarás mucho color naranja en la cúrcuma, que es una especia famosa por sus propiedades purificadoras.

Trabajar con tonalidades de azul puede tener un efecto relajante y refrescante sobre el cuerpo. Dormir con sábanas de color azul oscuro ayuda a relajar la mente y favorece un sueño más regenerador. Pintar las paredes del dormitorio de color azul claro crea un entorno tranquilo y regenerador. Las moras tienen muchas propiedades antioxidantes que favorecen la limpieza y la purificación corporal.

Las tonalidades verdes se pueden usar para fomentar el crecimiento de algo nuevo en la vida y para renovar el sentido de abundancia y la prosperidad exterior. Si vas a pasear por el campo encontrarás muchas tonalidades de verde. También las encontrarás en tu cocina en las verduras de hoja verde, en el brócoli, en la lechuga y otros alimentos. La hierba del trigo, la espirulina, el alga chlorella y el cáñamo en polvo, todos ellos tienen tonos verdes, dan mucha energía y son muy nutritivos. *Véase «Técnica para el nuevo crecimiento y cambio positivo» del capítulo 6.*

Si te sientes atraído hacia el arte utiliza los colores que te gustan. Observa qué significado tienen para ti en tu vida. Los colores ayudan a invocar distintos aspectos de la energía sutil y te ofrecen la oportunidad de trabajar con distintos tipos de energía. Del mismo modo que el sonido tiene diferentes vibraciones, también las tienen los colores. Descubre qué es lo que te va bien e investiga el significado que tienen en tu vida.

La energía sutil va hacia donde la diriges. Lo que está en los pensamientos o en los sentimientos se ampliará, porque hacia allí es donde se dirige la atención. Incluso cuando piensas en algo negativo que no deseas, la energía se dirige exactamente hacia esa cosa negativa porque los pensamientos son un tipo de energía. En vez de concentrarnos en algo inútil, que nos asusta o nos hace sufrir, es importante que aprendamos a concentrarnos en lo que queremos crear, en aportar combustible energético a lo bueno y alejarlo de lo negativo.

Puesto que los problemas y sus soluciones consumen mucha más energía de lo que nos imaginamos, aprender a controlar la mente es un aspecto muy importante en cualquier proceso de curación y de restauración del equilibrio. Cuando nos concentramos intensamente en una zona o en un pensamiento concreto, ese pensamiento adquirirá fuerza. Si nos concentramos en una técnica curativa, dirigiremos más energía sutil pránica hacia la zona que queremos tratar. La meditación y la visualización son los dos opuestos. La meditación es vaciar la mente y la conciencia, mientras que la visualización es la concentración total de la atención sobre un objeto en particular. La una reforzará a la otra, porque son manifestaciones opuestas de una misma energía. Vaciarse por completo es un tipo de concentración intensa, y concentrarse en algo intencionadamente es vaciar la mente de todo lo demás.

La razón por la que la concentración intensa está conectada con el fuego es porque aleja la energía de otras cosas, que normalmente recibirían la energía que hemos dedicado a la concentración y la intención. Por otra parte, la intensidad con la que nos concentramos en algo crea una especie de fricción sutil que calienta las cosas. La fricción intensa crea chispas y las chispas prenden el fuego y queman cosas que tenían que ser eliminadas. Lo seco y podrido quema mejor que lo que tiene mucha agua y fuerza vital. Apartando la energía de lo viejo, el viejo paradigma de pensamientos empieza a marchitarse, lo que lo convierte en un material excelente para la hoguera interior.

Con la práctica de la visualización, los pensamientos y la energía sutil se pueden dirigir hacia la creación de nuevos pensamientos y sentimientos. La visualización, además de estar conectada con el fuego, también lo está con el sexto chakra, o Ajna. El chakra Ajna es el que facilita el proceso de creación de algo nuevo donde el aspecto fuego de la concentración quema lo viejo. *Véase las numerosas técnicas de visualización del capítulo 6.*

La práctica de trataka

Trataka es un tipo de práctica de concentración en la que te conectas con el objeto de tu elección. El ejercicio más habitual es la concentración en el fuego. Puede considerarse una técnica de meditación, pero se hace hincapié en la concentración, no en el vacío. Este tipo de ejercicio se realiza contemplando la llama de una vela. La llama de la vela oscila siempre, incluso en una habitación sin corriente de aire. Esto nos aporta algunas pistas sobre la naturaleza de la mente. Al aprender a concentrarnos en la llama de la vela a pesar de que siempre está moviéndose, luego nos es más fácil concentrarnos en otras cosas, a pesar de la naturaleza cambiante de la propia vida. El fuego nos ayuda a comprender que la concentración no exige rigidez, sino la capacidad de concentrarse intensamente en algo, a la vez que aceptamos el movimiento y el cambio. Ésta es una lección muy importante para los sanadores, y, en mi opinión, para todos en general. La curación se basa en el cambio, en el movimiento y en la intensidad de la concentración.

Utilizar el fuego para hacer trataka también reforzará el fuego interior. El fuego externo no es más que un instrumento para cultivar ese atributo interior. Avivar el fuego interior favorecerá la digestión, activará el metabolismo y moverá la energía estancada. En el plano mental, el fuego destruirá los pensamientos negativos y favorecerá la claridad. En el plano emocional, el fuego aclarará los sentimientos y eliminará la negatividad, pero un exceso de fuego afectará negativamente a las emociones, porque pertenecen al elemento agua. Si queremos usar el fuego en las emociones, mejor que lo pasemos por el filtro de la mente, en vez de dirigirlo directamente hacia éstas. Piensa en las formas en que interactúan el fuego y el agua en el plano físico: si el fuego es más fuerte que el agua, éste hará hervir el agua; como sucede cuando entramos en una acalorada discusión con alguien. Demasiada agua, apagará el fuego. Utiliza estas dos modalidades de curación con cautela, puesto que estás trabajando con elementos opuestos que cuando se unen pueden hacer más mal que bien. No es probable que trataka desencadene estas emociones porque trabaja más en el plano de la conciencia y de la percepción que en el plano físico o emocional.

Las ceremonias del fuego sagrado

En las prácticas espirituales de Oriente es muy habitual utilizar fuego en los rituales y ceremonias de culto para invocar los atributos del fuego interior. Se pueden desarrollar el mismo tipo de cualidades con una ceremonia de fuego sagrado que con el ejercicio de trataka, solo que los efectos de la primera son de mayor alcance que los de la segunda. Una ceremonia de fuego sagrado suele incluir el recitado de mantras y ofrendas que se echan al fuego para pedir algo. Por consiguiente, es una modalidad combinada que actúa en muchos planos del sistema cuerpo, mente, y alma.

A una persona con tendencia espiritual la ceremonia del fuego puede aportarle muchos beneficios puesto que utiliza directamente las creencias y la fe como medios para invocar cosas positivas a través del fuego. Invocar la espiritualidad o la conciencia de Dios en el agua nos ayuda a que ésta fluya libremente a través de nuestro cuerpo. Invocar la presencia de Dios a través del fuego nos ayuda a cultivar la concentración, la claridad, y a destruir todo aquello que nos aleja de nuestro dharma, o propósito en la vida.

Las ceremonias del fuego sagrado sirven para generar mucha energía rápidamente; si sabemos concentrar esta energía podremos crear y afianzar cosas nuevas con la misma rapidez. En algunas tradiciones espirituales hinduistas y de otras tradiciones de la India, tienen tipos específicos de ceremonias del fuego denominadas homa, homam, havan, y también agni hotra. El elemento fe de la ceremonia del fuego actúa eliminando las dudas, y los resultados se producen más rápido porque hay menos bloqueos mentales. Las ceremonias del fuego son un ejemplo excelente de la ciencia espiritual que las culturas antiguas conocían mucho mejor que la nuestra. Agni hotra trabaja con la energía del fuego, mientras que homa o havan mezclan el fuego con una oración específica a Dios para pedirle algo en concreto, como prosperidad, riqueza o eliminación de los obstáculos en la vida.

Mirar al sol y la energía solar

La terapia de mirar al sol es un tema controvertido y una práctica que solo debe realizarse bajo la guía de un maestro o gurú. El sol es básicamente una gran bola de fuego, pero contiene en su interior toda la gama de energías que existen. En circunstancias normales mirar al sol puede deteriorar la vista y causar ceguera. No obstante, bajo las circunstancias apropiadas, mirar al sol se puede utilizar como parte de una práctica espiritual general que ayudará a incrementar considerablemente el prana o la energía sutil en el cuerpo, limpiará la negatividad de la mente, y permitirá al cuerpo acelerar su curación. Hay casos de grandes santos que se han alimentado únicamente del prana del sol, que han vivido sin consumir ningún alimento, solo agua. Pero en su aplicación más normal, reducirá la necesidad de comer y dará a la persona más energía y concentración en la vida.

La energía del fuego y el aumento del prana en general actúan disolviendo la densidad de la energía tamásica, y hacen que la persona se sienta más ligera, clara, y más dinámica por naturaleza. El sol no es una excepción. Puesto que contiene todas las energías en su interior, se puede utilizar su energía para restaurar el equilibrio en todas las partes del cuerpo, de la mente y del alma. Basta con pasar un poco de tiempo responsable al sol para crear una energía positiva y clara. *Véase la «Técnica para cultivar la conciencia plena» del capítulo 6, como una de las formas de trabajar con la energía solar.*

Modalidades de curación del elemento aire

Las modalidades del elemento aire ayudan a cultivar la ligereza del ser e incluyen modalidades que trabajan con la respiración y con el sentido del tacto. El tacto es el sentido físico asociado al elemento aire. Los ejercicios que trabajan la capacidad pránica en el cuerpo suelen utilizar el aire. El prana es el combustible que se emplea para curar, pero antes de poder concentrarlo y redistribuirlo por nuestro organismo hemos de generarlo. *Véase «Visualización para cultivar la energía sutil» en el capítulo 6.* Cuanto mayor sea la capacidad de una persona de generar prana, mayor será su facilidad de curarse espontáneamente y a través de dirigir la concentración. Las modalidades de curación del elemento aire potencian nuestra relación con el sentido del tacto y mejoran nuestra capacidad para dirigir el flujo de la energía sutil hacia diferentes partes de nuestro cuerpo. La capacidad para notar sensaciones es algo intrínseco en el trabajo con la energía sutil. En el aspecto emocional, el tacto nos enseña que no estamos solos y que podemos desarrollar el sentido de inclusión y de aceptación, dos aspectos necesarios para sentirnos bien y mantener la energía de nuestro cuerpo en movimiento.

Pranayama

Pranayama son los ejercicios de respiración que se realizan para aumentar el prana en el cuerpo. El prana procede principalmente de la comida, del agua, del aire, de la meditación y del sol. Las técnicas de pranayama se utilizan para potenciar el prana a través de la respiración y para dirigirlo hacia distintas partes del cuerpo y de la mente. En el pranayama se trabaja la extensión y profundidad de la respiración; muchas personas tienen una respiración muy superficial y no absorben mucho prana del aire, lo que implica que la fuerza vital ha de conseguirse a través de otras fuentes como la comida y el agua. Una forma rápida de saber cómo respiras es cronometrando tu ritmo respiratorio; la inhalación y la exhalación forman un ciclo respiratorio completo. Una persona sana normal respirará quince veces por minuto, más de eso es una señal de que hay que corregir la respiración para aumentar el prana en el cuerpo. Menos de quince respiraciones por minuto es excelente y demuestra que el cuerpo está utilizando el prana que entra a través de la respiración eficazmente.

En la meditación la respiración se vuelve más lenta. Durante el pranayama, la mente va más despacio y se tranquiliza. Ambos están muy conectados; aprender a alargar y a profundizar la respiración te ayudará a meditar. Una vez que hayas aprendido a respirar más profundo, podrás aprender otros tipos de pranayama para conseguir efectos específicos, como calentamiento o enfriamiento. Hay prácticas que pueden reforzar el fuego y prácticas que pueden refrescar el organismo y nutrirlo. Otros ejercicios trabajan más la retención del aliento o la utilización del prana para transformar las energías estancadas dentro del cuerpo. Cuando hayas contado el número de respiraciones por minuto, respira conscientemente intentando alargar la respiración para reducir el número de respiraciones por minuto. Te sorprenderá descubrir cuántos beneficios puede aportarte esto, desde tranquilizar tu mente hasta una mayor estabilidad emocional y un aumento general de tu energía.

Después, cuando respires, observa qué parte de tu cuerpo se mueve, ¿los hombros, el pecho, o el abdomen? Si se mueven los hombros, ¿puedes respirar más profundo para que dejen de hacerlo? ¿Hasta dónde puedes hacer llegar tu respiración y cómo afecta eso a tu postura? Todo está interconectado; la respiración encierra muchos secretos sobre el lenguaje corporal de una persona y la confianza con la que se expresa. La falta de prana crea miedo; el mero hecho de intentar respirar más profundo puede hacer que el miedo disminuya. El miedo aparece solo cuando no hay prana. Cuando sucede algo que nos asusta nos corta la respiración. Supera los sentimientos de miedo aportando respiración, prana y su correspondiente ligereza al cuerpo, la mente y las emociones.

Incrementar el control y la concentración en la respiración también puede calmar el dolor, como podemos ver en las técnicas de respiración que se realizan en la preparación para el parto. ¿Cuánto dolor logramos evitar al concentrarnos en la respiración, en lugar de hacerlo en el dolor, y cuánto dolor evitamos gracias al aumento de prana que aporta la respiración al cuerpo? Respirar es como la corriente del agua o el titileo de la llama de una vela, que nos recuerda que la vida es dinámica y cambiante. Cualquier cosa que tenga el efecto de atraer energía dinámica a la mente y al cuerpo, tendrá un efecto sobre los pensamientos, las emociones y el bienestar general. *Para prácticas, véase los ejercicios del capítulo 6: «Técnica de pranayama para crear energía sutil» y «Técnica de pranayama para disipar la energía negativa».*

El masaje

El masaje es una gran técnica para inducir a la relajación, mejorar la circulación, e inspirar pensamientos positivos. El masaje también integra el uso de aceites, aromaterapia, hierbas, calor e incluso a veces gemas. Es una modalidad combinada muy eficaz que incluye varias modalidades de los elementos. El sentido del tacto es una de las formas a través de las cuales los seres humanos conectamos con otras personas. El tacto ayuda a relajar el cuerpo y la mente, elimina el miedo y rejuvenece. Nos recuerda que no estamos solos. Sentirnos solos puede tener un efecto muy negativo en nuestro bienestar, mientras que sentirnos amados y respaldados puede tener un efecto positivo radical en nuestra capacidad de autocuración.

Al trabajar directamente sobre los músculos o la fascia corporal, el masaje puede disolver contracturas físicas. Cuando desaparece una contractura física, la energía sutil puede fluir por esa zona. El masaje también tiene un efecto muy positivo sobre el sistema linfático, puesto que ayuda a nuestro organismo a eliminar toxinas. Cuando se utiliza la técnica adecuada y el tipo de aceite correcto para cada persona, el masaje puede tener un efecto muy positivo en el bienestar general. Puesto que todos tenemos una constitución física diferente y nuestra relación con el sentido del tacto también es de carácter personal, es importante que encontremos el tipo de masaje adecuado para nosotros y un terapeuta con el que nos sintamos cómodos. Unas personas responderán mejor a un masaje relajante, mientras que otras preferirán un masaje más intenso que trabaje la musculatura profunda o que actúe sobre los puntos gatillo de las zonas contracturadas. Descubre el tipo de masaje que te gusta, o si no te gusta el masaje, eso te dará pistas sobre tu constitución y carácter.

El reiki es un tipo específico de curación en el que se trabaja dirigiendo la energía sutil de una persona a otra. Muchas veces se realiza a través del tacto, aunque se puede hacer sin tocar directamente el cuerpo. Con la concentración e intención adecuada, se puede hacer incluso a distancia. El reiki y otras formas de energías sutiles suelen ser dirigidas a través de las manos hacia el cuerpo de otra persona. Se pueden colocar las manos sobre el cuerpo sintiendo la corriente de aire que existe entre las dos personas. En ambas técnicas, tocando el cuerpo y sin tocarlo, estamos trabajando con la sensación del tacto. Si alguien te pone la mano sobre alguna parte de tu cuerpo, notarás que emana calor. Este tipo de transferencia pránica directa establece una conexión muy personal entre la persona que da y la que recibe. Puede ser un recordatorio de que en la vida dar y recibir son igual de importantes para conservar el equilibrio. Para que una persona pueda dar, tiene que haber otra dispuesta a recibir.

Si recurrimos a la energía de otra persona, ésta nos puede ayudar a movilizar una energía que nosotros no podemos ver o sentir directamente, debido a que ella no está condicionada por nuestras respuestas o percepciones habituales sobre la vida y con frecuencia puede ver y sentir cosas que nosotros no podemos. La claridad de percepción de otra persona puede ayudarnos a descubrir zonas de nuestra mente o de nuestro cuerpo que necesitan tratamiento, y de las cuales no hubiéramos sido conscientes de otro modo. El reiki y otras formas de curación energética también te las puedes aplicar a ti mismo, lo cual es una ventaja si no tienes a ningún terapeuta de confianza o bien si quieres utilizar esta técnica a diario. Otra ventaja del reiki es que la energía no tiene por qué dirigirse hacia una zona específica del cuerpo, ya que posee una inteligencia innata y cuando se dirige hacia otra persona sabe adónde tiene que ir para restaurar el equilibrio en el cuerpo o en la mente.

El reiki es un instrumento excelente para aprender a trabajar y a sentir la energía sutil. Todos percibimos la energía de forma distinta; aprender a reconocer cómo la sientes tú, te ayudará a cultivarla y a canalizarla conscientemente a través de tu cuerpo. Por ejemplo, algunos terapeutas sienten la lesión o la enfermedad como un «punto caliente», mientras que otros lo perciben como una zona fría o bloqueada. No hay una forma correcta o incorrecta, es cuestión de descubrir cómo sientes la energía y sus estados de desequilibrio. Aprender reiki es fácil y económico. Busca un profesor que conozca este arte y dedica un día o un fin de semana a hacer el curso de iniciación, si quieres aprenderlo para aplicártelo a ti mismo. O bien, ve a un terapeuta profesional y experiméntalo como paciente.

Modalidades de curación del elemento éter

El elemento éter nos conecta con la corriente de sonido y con el origen de todas las vibraciones. También se le da el nombre de espacio y es la materia prima de todos los demás elementos. Los cinco elementos contienen la vibración y la esencia sutil del éter, por eso las modalidades que trabajan con el sonido son poderosos instrumentos que actúan a todos los niveles del cuerpo, de la mente, y del alma. En el contexto del espacio, la apertura y la inmensidad del espacio ayudan a eliminar la basura mental, a expandir horizontes y a ampliar percepciones.

Las conexiones del éter con el sonido y con el espacio son importantes en la curación. Puesto que el sonido no tiene densidad como los otros elementos (es únicamente una corriente vibratoria), puede alterar la densidad de otras cosas. Atraviesa la materia sólida (como la tierra), disuelve el estancamiento energético y restablece la circulación de la energía. Una observación respecto al tratamiento del dolor: darle espacio a algo suavizará su contracción. El dolor se produce cuando algo se contrae o se tensa. Cuando se elimina el estancamiento y se crea espacio, el dolor desaparece. Reflexiona sobre este tema y sobre el elemento éter para comprender cómo puedes utilizarlo en tu vida para conseguir un cambio positivo. Ahora veamos otras modalidades que trabajan directamente con el elemento éter.

Los mantras: las sílabas de la creación

Un mantra es una forma muy poderosa de cambiar la estructura energética sutil de una persona. Cuando cambia la energía sutil de una persona, también cambia todo lo demás para reflejar su nuevo estado de conciencia. Nuestra esencia es alma y Dios. La forma en que este estado de conciencia interior se manifiesta en el mundo se basa únicamente en el tipo de vibraciones que elegimos transmitir. Cada pensamiento, sentimiento y sonido tiene su propia vibración. La repetición de un mantra, y concretamente de algún mantra que contenga *bijas*, o sonidos simiente, puede tener un profundo efecto en transformar nuestras vibraciones.

Hay muchos bijas, el más común y conocido es el «Om». Hay miles de mantras, la mayoría son una combinación de diferentes bijas que actúan para lograr un efecto específico. Los bijas tienen el gran poder de lograr cambios. A veces en la meditación se usa un solo bija como punto de concentración para aquietar la mente. El bija también se puede usar para sintonizar la mente y la conciencia con una vibración específica, incluida la vibración del dharma de una persona. También podemos utilizar los bijas en el cuerpo físico como una mantraterapia para movilizar las energías sutiles estancadas en la mente y en el cuerpo.

No significa que cuando cantemos un mantra vaya a cambiar inmediatamente nuestra vibración interior; para ello tendremos que aceptar internamente lo que representa el bija y conseguir que forme parte de nuestros sentimientos, a fin de que podamos integrar su vibración en todos los aspectos de nuestra vida. Si una persona canta un bija para cultivar la prosperidad, tendrá que desear realmente la prosperidad en su interior para que su efecto pueda manifestarse rápidamente. Con el tiempo, la vibración del bija se irá abriendo camino y producirá un cambio profundo, a pesar de los obstáculos, de la falta de fe o de preparación. Ésta es la razón por la que es tan importante tener cuidado con los pensamientos, las palabras y las acciones, porque con el tiempo cambian el carácter de una persona convirtiéndose en hábitos, buenos o malos. El cambio puede llegar pronto cuando la persona está verdaderamente dispuesta a aceptar aquello que está deseando, pero normalmente éste se producirá al cabo del tiempo y de una práctica sistemática.

Un bija positivo que todo el mundo puede cantar además de Om es «Srim» (que se pronuncia «shrim»). Es un mantra que está conectado con el corazón espiritual, con la sede del alma, el dharma, y con todo tipo de prosperidad en la vida, interna y externa. Aporta serenidad y sentido de realización a nuestra vida, lo que puede impulsarnos a conseguir grandes cosas. Om se disuelve en la nada. Srim trae plenitud y abundancia, incluida la vibración del propio amor. Dios es vacío y plenitud, tal como representa la iconografía hinduista a través de la pareja primordial de Shiva y Shakti. Shiva representa la pureza, la conciencia serena, mientras que Shakti representa su conciencia dinámica manifestándose a través de la realidad física.

Los mantras más largos que combinan varios bijas pueden formar parte de nuestra práctica espiritual diaria para conseguir que nuestros pensamientos y emociones sean positivos, curativos, tranquilizadores, relajantes, y así poder conectar con el alma y la esencia de Dios en nuestro interior. Gracias al poder que tienen los bijas o los mantras para aportar claridad, concentración, y muchos otros aspectos positivos, emplear el adecuado puede ayudarnos a cambiar notablemente nuestra vida para mejor. En la vida todo se reduce a la percepción; sucederán cosas que no podremos cambiar, pero sí podremos cambiar nuestra percepción de las mismas. Utilizar mantras puede ayudarnos a cambiar nuestra percepción, de manera que podamos superar los obstáculos más fácilmente gracias a haber ampliado nuestra visión de la vida.

Cuando un terapeuta usa mantras en sus terapias, normalmente se vale de distintos mantras y bijas para movilizar la energía dentro del cuerpo. Los pensamientos y las emociones se quedan estancados en el cuerpo físico, por lo que un mantra que actúe en una parte específica de éste puede ayudar a movilizar la energía bloqueada en una zona. En general, la terapia de mantras es relajante y energizante, aunque depende de cada persona.

Los cuencos tibetanos

Los cuencos tibetanos son una excelente opción para trabajar con la vibración del sonido. Los hay de distintos tamaños y frecuencias, y están hechos de varios materiales, incluidos metales y cristales. El cuenco tibetano es en realidad una campana que en vez de colgar se asienta sobre una base sólida y es percutida en su borde con un macillo para producir una frecuencia sonora. Se pueden hacer sonar de uno en uno o en conjuntos donde las frecuencias de los cuencos se complementan. Los cuencos tibetanos, como los gongs, se suelen usar para equilibrar, potenciar la capacidad de sanación del cuerpo, y para inducir a la meditación y la relajación.

Los cuencos tibetanos también se usan como una modalidad combinada de agua y éter. Si se pone agua dentro del cuenco y se hace sonar, ésta se carga con la frecuencia de la vibración sonora y de la cualidad del propio cuenco. Después de una sesión de cuencos tibetanos, hay que beberse el agua o usarla para limpiar el cuerpo. Los diferentes metales y cristales tienen distintos atributos energéticos: un cuenco de cobre tendrá un efecto distinto al de un cuenco de cuarzo. Puede que uno sea perfecto para ti y que el otro no.

Esta modalidad suele ser muy gratificante si realmente deseas profundizar en las frecuencias sonoras y en los efectos que tienen distintos elementos sobre el sonido. Es una modalidad que con la formación adecuada no te aburrirá nunca, porque siempre descubrirás cosas nuevas en su funcionamiento. También es una técnica a la que has de darle una buena oportunidad; si un cuenco no te funciona, prueba con algún otro tipo que te dé una respuesta energética diferente.

El uso de las palabras en la curación

Las palabras son como mantras, con la diferencia de que las palabras normales no contienen el mismo potencial creador que los mantra bija, pero, aun así, son combinaciones de vibraciones que tienen un efecto sobre la mente y las emociones. Puesto que las palabras no afectan a la conciencia primordial como lo hacen los bijas, actúan como una afirmación. Las afirmaciones pueden cambiar la forma de pensar de una persona porque influyen sobre la naturaleza positiva de la mente, por eso es importante creer en lo que se está diciendo. Ésta es la diferencia entre una afirmación y un mantra: para que una afirmación sea eficaz has de creer en lo que dices en algún plano de tu conciencia, mientras que con el mantra no es necesario. El mantra posee una inteligencia creativa innata que actúa en el plano del alma, mientras que la afirmación solo tiene la intención que le damos con la mente. Si la mente no se la cree, la esencia de la misma no dará un fruto positivo.

El hecho de que las palabras afecten a la mente puede ser positivo o negativo. Las personas pueden estar condicionadas a creer en cosas que no son ciertas, solo porque otra persona lo ha dicho. Si alguien te dice que eres feo o que no vales nada, esto deja una huella energética en tu mente. Si te lo repiten lo suficiente, te lo empezarás a creer. ¿Hace eso que sea cierto? Desde luego que no, pero si se convierte en una creencia condicionará tu realidad. Cuando se utilizan palabras positivas que motivan e inspiran a las personas, éstas empiezan a creer en sí mismas y en su propia grandeza. Lo bueno de las palabras es que solo tienen efecto en la mente para bien o para mal, pero jamás podrán cambiar la esencia fundamental del alma. Todo lo que la mente aprende se puede cambiar con esfuerzo y práctica para vivir de la manera más positiva y significativa posible. Por lo tanto, si las palabras pueden favorecer u obstaculizar este proceso, entonces, ¿por qué no usarlas para que nuestra vida tenga más sentido?

Las palabras son un canal para la energía con la que se transmiten, que es la razón por la que muchas veces las personas leen entre líneas y hacen más caso de lo que sienten que de lo que oyen. Para que las palabras tengan todo su poder, lo que dices ha de coincidir con tu intención. No puedes decir cosas que no sientes y esperar que tus palabras tengan un efecto positivo en ti o en los demás. Cuando lo que dice una persona transmite fielmente lo que siente su corazón, sus palabras se convierten en instrumentos muy poderosos para enseñar, curar, y motivar a los demás y a uno mismo.

Interiormente, como personas podemos elegir cambiar cualquier cosa, pero externamente no podemos cambiar a los demás salvo que estos deseen hacerlo. Por este motivo es mejor usar palabras positivas con los demás, porque si hieres a alguien con ellas no podrás hacer nada para remediarlo salvo que la persona afectada quiera cerrar esa herida. Las palabras ofensivas son muy destructivas y pueden ocasionar daños duraderos. Las palabras correctas en el momento correcto pueden inspirar a una persona para el resto de su vida. ¿Estás utilizando tus palabras de la forma más productiva y positiva posible?

La música y los instrumentos musicales

La música puede inspirarnos prácticamente cualquier cosa. Puede despertar muchos sentimientos e incluso cambiar nuestra forma de pensar. Puede inducirnos a la relajación, bajarnos la presión sanguínea y el ritmo cardíaco, y hacer que respiremos más lento. También puede excitarnos, enojarnos o despertarnos la pasión. Puesto que todo el resto de nuestro ser procede del sonido, éste tendrá siempre un efecto primordial en nosotros. Gracias al poder que tiene la música de inspirarnos y curarnos, se usa en muchas técnicas de curación, y a veces es una técnica en sí misma.

Hay dos instrumentos muy poderosos, de los cuales se dice que tienen el poder de recrear cualquier vibración de la existencia: el gong y el didgerido. Ambos movilizan las energías de nuestro cuerpo, restauran el equilibrio, y favorecen el despertar de nuestra capacidad innata de curación. La belleza de los instrumentos musicales es que todos tienen una personalidad propia. Cuanto más tocas un instrumento, más resonancia consigues del mismo. Cuanto más nos adentremos en nuestra exploración musical y de un instrumento en particular, más profundizaremos en nosotros mismos. Un instrumento es un medio de expresión y una buena forma de recrear miles de vibraciones.

La voz puede hacer lo mismo, pero vuelvo a decir que hace falta entrenamiento y práctica para afinarla adecuadamente y poder transmitir un sentimiento profundo con ella. El talento innato y la práctica pueden hacer maravillas. La voz es un medio de curación, como lo es cualquier otro instrumento, y lo cierto es que puede transmitir cualquier vibración como el didgerido y el gong.

Algunos instrumentos tienen más efecto en ciertas zonas del cuerpo o de la mente por la categoría a la que pertenecen. La flauta es un buen ejemplo. Indudablemente es una modalidad curativa basada en el sonido, y también guarda una fuerte conexión con el elemento aire. En la India y en la cultura de los nativos americanos se usan flautas de madera en las ceremonias sagradas y, en general, en toda la música. La flauta, debido a su relación con el elemento aire, y el propio aire creando la resonancia al entrar en contacto con el instrumento, puede ser muy relajante para la mente y las emociones. A veces, lo único que se necesita para curarse en este desenfrenado mundo es invocar la calma profunda. Cuando el cuerpo no tiene el descanso adecuado y un tiempo de reposo de calidad para regenerarse, no puede curarse.

Los tambores son otro poderoso y antiguo instrumento que nos ayuda a conectar con nuestra vibración curativa primordial. El sonido del tambor tiene la propiedad de conectarnos directamente con nuestro corazón y con el resto del mundo. Los tambores nos recuerdan que la vida es un entramado y que jamás estamos solos. Todo está interconectado. Una buena sesión de tambor puede inducir a la mente a un estado de trance donde se puede alterar nuestra percepción e inducirnos directamente a la curación. Es una gran forma de alterar nuestra mente de manera consciente y de conectar con el todo.

Cualquier instrumento musical que te atraiga, gracias al gozo que te produce, puede ayudarte a restablecer el equilibrio en tu vida. Cualquier instrumento puede ser terapéutico si se utiliza con ese fin. Para profundizar en la exploración de la música y sus usos terapéuticos, descubre qué es lo que te gusta y por qué te gusta. Esto te revelará lo que quieres desarrollar y cuál es la mejor forma de conseguirlo.

Contemplar las estrellas

Contemplar las estrellas es una de las pocas modalidades conectadas con el elemento éter que no incluye el sonido, sino solo el espacio. Pasar tiempo mirando las estrellas y el espacio puede ayudarnos a abrir nuestra mente y a expandir nuestros horizontes. Contemplar las estrellas nos abre la mente a nuevas posibilidades y también es una buena forma de relajarse e interiorizarse. Mirar al cielo abierto despierta nuestra admiración. ¿En qué tipo de cosas piensas cuando lo haces? ¿Qué diferencia hay con el tipo de pensamientos que tienes durante el día mientras estás trabajando? ¿Dedicas alguna vez tiempo a sentarte a contemplar el universo interiormente o externamente?

Cuando miras al cielo, ¿qué buscas? ¿Buscas estrellas fugaces o cometas, o te deleitas en el brillo de la luna y el centelleo de las estrellas? La luna está conectada con nuestra naturaleza cambiante, y sus fases pueden tener mucho efecto sobre nuestra mente. Estar algún rato cada noche contemplando la luna cambiante nos ayuda a equilibrar los diferentes aspectos de nuestra psique y de nuestras emociones, y puede favorecer la curación en todas las facetas de nuestro ser. Cuando pases un rato con la luna y con las estrellas, observa tus emociones y tus pensamientos. Observa cómo te sientes respecto a la luna y su naturaleza cambiante. Todo esto aumenta nuestro discernimiento interior para descubrir lo que está sucediendo en nuestro subconsciente y nos ayuda a facilitar el crecimiento y el cambio.

Mirar al espacio también puede recordarnos que todo procede de la oscura inmensidad de la nada. Todo lo que es, alguna vez fue nada, y la nada alguna vez será todo. La contemplación nocturna puede aliviar nuestros miedos a la oscuridad y a la muerte y darnos una mayor comprensión sobre el proceso de la vida. Observa los sentimientos y las preguntas que te vayan surgiendo y utilízalos como medio de introspección.

Combinación de modalidades

Hemos visto bastantes combinaciones de modalidades en las que se usan los efectos de los diferentes elementos sobre la salud y la curación. El agua salada combina los elementos agua y tierra. Estar junto al mar combina todos los elementos, puesto que la playa es tierra, el mar es agua, el sol es fuego, el aire es aire, y el espacio abierto es éter. Estar en contacto con la naturaleza combinará los distintos efectos de los elementos para equilibrar el cuerpo, la mente y las emociones. Cocinar combina especias, líquidos y hierbas, que tienen un profundo efecto sobre nuestro cuerpo y nuestra mente. En el masaje se emplea el tacto y muchas veces se usan aceites, que representan el elemento agua, y hierbas o fragancias que influyen en el elemento tierra.

Cuantas más modalidades combinemos, más importante es que entendamos cómo influyen en la persona. Combinar modalidades es eficaz cuando se tiene un conocimiento integrado, y cuanto mejor comprende una persona las interconexiones sutiles de los elementos, más capacidad tendrá para curar o curarse. Si tú sabes qué es lo que necesitas y lo que eres, puedes crear una modalidad terapéutica que te rejuvenezca en todos los aspectos de tu ser.

Además de comprender cómo se relacionan las modalidades de curación con los elementos que componen el cuerpo, la mente, y las emociones, tener en cuenta las modalidades que actúan en el temperamento de una persona y su propósito en la vida también puede ser muy útil. En el siguiente capítulo veremos cómo determinar qué tipos de técnicas funcionarán mejor para los distintos temperamentos psicológicos y emocionales.

5

· · · · · · · · · ·

Modalidades de curación según el temperamento y el propósito en la vida (los gunas)

Ahora que ya hemos visto cómo se relacionan ciertas modalidades con los elementos, veamos cómo se relacionan algunas técnicas y principios generales con los gunas y el temperamento innato de una persona (véase el test del capítulo 3, para determinar tu guna y tu temperamento). Muchas se parecen, puesto que los elementos proceden de los gunas, pero aprender a trabajar con el temperamento puede tener mayor repercusión en nuestra vida, en nuestra confianza, y en el desarrollo del carácter, que trabajar solo con los elementos.

Cuando una técnica o modalidad de curación está diseñada para el temperamento de una persona, ésta tiene el potencial para desbloquearla desde dentro, es decir, para sacar la espinita, por así decirlo, que provoca los problemas en muchas áreas de la vida. Tratar el temperamento es una excelente terapia porque sintoniza a la persona con la verdadera fuerza que procede de su alma y del lugar donde no hay separación entre Dios y todo lo que existe. Estar verdaderamente en armonía con el propósito de la vida o dharma refleja que estás viviendo enteramente de acuerdo con las manifestaciones positivas de tu propio temperamento y constitución física. Si una persona está muy conectada con su dharma, su vida cambiará para mejor, aumentará su prosperidad interior, tendrá más confianza en sí misma, y se arriesgará a tomar decisiones en la vida y a actuar de acuerdo con su propio dharma, a pesar de los obstáculos.

Es importante que recordemos que las cosas aparentemente insignificantes de la vida son las que suelen generar grandes resultados. La vida es mucho más simple de lo que pensamos, y dar importancia a los detalles puede tener una gran repercusión. Los pequeños detalles forjan los cimientos para el tipo de vida sobre la cual construiremos todo lo demás.

Modalidades de curación para el guna sattva

Es importante cultivar el guna sattva en nuestro temperamento por dos razones principales. Hace falta sattva para tener claro cuál es el propósito de nuestra vida, nuestro camino, nuestro dharma individual, nuestros dones, nuestros puntos fuertes, y nuestras debilidades. Si no lo tenemos claro, reinará la confusión en nuestra vida y siempre estaremos probando cosas nuevas con la esperanza de sentirnos realizados. Puesto que el sentido de realización personal solo se consigue viviendo de acuerdo con nuestro propósito, es necesario que cultivemos esta claridad. En segundo lugar, sattva es la energía que sustenta a los tres gunas. Rajas crea, tamas o solidifica o destruye, y sattva sustenta lo creado. Sin cultivar las cualidades sáttvicas es imposible vivir plenamente de acuerdo con nuestro propósito o conservar un buen estado de salud general. La buena salud y el estilo de vida positivo se consiguen conservando toda la prosperidad interior que hemos soñado y creado en nuestra vida.

La meditación silenciosa

La principal forma de trabajar el guna sattva es a través de la práctica regular de la meditación. Y, más concretamente, en el caso de sattva ha de ser una meditación silenciosa que te conduzca a contactar con tu propia esencia, no una técnica mental. Las técnicas de meditación son activas y actúan en diferentes partes del cuerpo, mientras que la meditación silenciosa utiliza un mantra bija para aquietar la mente y quedar en silencio. Las técnicas de meditación son una preparación que nos ayuda a acallar la mente el tiempo suficiente como para acceder al lugar donde se produce la verdadera meditación y el silencio. A la mayoría de las personas les cuesta mucho sentarse en silencio y meditar, lo más habitual es que esto sea fruto de la práctica continuada y de haber empezado a serenar el cuerpo, las emociones, y la mente con otras técnicas o modalidades.

Aunque al principio te cueste sentir que has estado meditando, es importante que seas constante. La constancia conduce a la eficiencia. El problema al que se enfrentan la mayoría de las personas es que se rinden demasiado pronto. El resultado de la meditación no suele presentarse rápida o fácilmente; hace falta paciencia y aceptación. La vida no tiene soluciones rápidas y la meditación es una práctica que nos enseña esta lección tan difícil. Aunque solo dediques unos pocos minutos a estar en silencio, podrás observar grandes resultados en tu vida puesto que disminuirá tu estrés, tendrás menos ansiedad, y aumentará tu sensación de paz interior.

Cuando se eliminan estos grandes obstáculos, puede aflorar la claridad interior. En lo que respecta a nuestro propio yo, la claridad es como el despertar espontáneo de nuestra conciencia interior y de nuestra intuición. Siempre está presente, pero normalmente el estrés, el dolor, el cansancio emocional, la depresión, y toda una serie de cosas más no nos permiten percibirla. Lo verdaderamente sorprendente es que cuando practiquemos con regularidad descubriremos que, aunque solo le dediquemos quince minutos al día, incluso esa pequeña cantidad de tiempo nos dará resultados tangibles. Si meditas todos los días, verás cambios en pocos meses, o en pocos días.

La claridad es el origen de todas las cosas buenas de la vida. Esta serenidad interior es lo que nos confiere la capacidad para responder a la vida, en vez de reaccionar a la misma. Cuando estás en contacto con tu propia esencia, también experimentas paz en todo lo demás. La meditación se relaciona con el guna sattva por su cualidad de despertar el estado de claridad y de mantenerlo. La agitación del mundo en que vivimos es lo que nos aleja de lo que realmente somos y nos hace sufrir. ¿Conocernos mejor interiormente y cultivar la cualidad de vivir de acuerdo a lo que somos no merece dedicarle unos cuantos minutos al día?

Las técnicas de visualización

Visualizar puede actuar sobre sattva o rajas dependiendo del resultado que queramos conseguir. La capacidad de visualizar nos ayuda a conservar el estado deseado, y la conservación de algo es una cualidad propia de sattva. Para conservar algo hemos de tener el control sobre ello. La capacidad para controlar lo que procede de nuestro interior es fruto de la claridad de sattva y de la concentración de rajas; ambos aspectos actúan a través del sexto chakra. En lo que respecta a sattva, desarrollar la capacidad de visualizar nos ayudará a conservar la claridad que surge de sattva y de la meditación. Si no conservamos la claridad, tampoco podemos mantener la concentración en una meta concreta. La falta de claridad conduce a la falta de concentración, y la falta de concentración no permite mantener o conservar nada.

Cuanto más potente es la capacidad de visualizar algo, más fácil resulta utilizar esta habilidad para concentrarte en ello. La visualización puede ser tan sencilla como intentar verte desde dentro y sentir las diferentes partes de tu cuerpo, o bien, concentrarte en visualizar un dibujo geométrico sagrado y retener la imagen en tu mente el máximo tiempo posible. O puede ser tan compleja como visualizarte haciendo algo específico y consiguiendo el resultado deseado. Puesto que la energía que vibra dentro de una persona es la que crea su realidad, una persona solo puede conseguir aquello que es capaz de soñar o visualizar. Si ni siquiera se te ha pasado por la mente, ¿cómo puede hacerse realidad? Cuanta más capacidad de visualización desarrolla una persona, más fácil le resulta conseguir lo que desea, porque esa energía ya no le es ajena, está familiarizada y se siente cómoda con ella, e impregna sus sentimientos (y como tal, el elemento éter) directamente.

En un aspecto más tangible, cuando una persona dedica tiempo a concentrarse en algo es porque lo desea. Si una persona realmente desea algo, estará dispuesta a esforzarse para conseguirlo. Cultivar la claridad de lo que realmente quieres en la vida alimenta el deseo de conseguirlo. Cuanto más claro es tu objetivo y tu capacidad para visualizarlo, más claro será el deseo de conseguirlo y conservar la meta. Necesitas la visualización y la meditación para desarrollar y conservar lo que realmente deseas. Si no puedes concentrarte, la vida se convierte en un proceso de creación y destrucción constante, en una cadena de deseos insatisfechos. Cultivar el aspecto sáttvico de nuestro temperamento nos enseña a que empecemos a crear nuestra realidad de acuerdo con nuestros sueños y a mantenerla una vez que estos se hayan hecho realidad.

Modalidades de curación para el guna rajas

El guna rajas es el responsable de los aspectos creativos de la vida. Es el aspecto de nuestro temperamento que aporta suficiente fuego, impulso, motivación, y deseo para conseguir cualquier cosa. Rajas es energía dinámica y está siempre en movimiento. Cuando aprendemos a trabajar con esta energía, somos capaces de dirigirnos con diligencia hacia nuestras metas, crear un efecto deseado, y tener el deseo necesario para conseguir que algo se haga realidad. Seamos claros, si no deseas algo muy intensamente, no estarás dispuesto a hacer el esfuerzo necesario para conseguirlo. Esto está directamente relacionado con la mente y con las emociones, pero también con el cuerpo físico debido a la energía que aporta rajas. Sin energía física y fuerza de voluntad, no podríamos hacer nada. No actuaríamos y el cuerpo permanecería en un estado de inercia. Rajas es la clave para cultivar nuestros aspectos sáttvicos y tamásicos eficazmente. Sin rajas, sin fuerza de voluntad e impulso, los sueños nunca se harían realidad. Rajas es la majestuosidad, la capacidad y los aspectos regios del temperamento de una persona. También exige mucho esfuerzo porque para cultivarlo adecuadamente hemos de estar dispuestos a reconocer nuestras debilidades —físicas, mentales o emocionales— y a esforzarnos para superarlas. No es posible tener buena salud si no estamos dispuestos ni somos capaces de realizar un trabajo interior.

Las técnicas de meditación

La meditación silenciosa actúa principalmente en el plano sáttvico, pero las técnicas de meditación pertenecen principalmente al guna rajas. En una técnica de meditación hay algún aspecto, ya sea de visualización, pranayama, mantras o algún punto de concentración, que no es la quietud o el silencio propiamente dicho. Las técnicas sirven para entrenar a la mente y a las emociones a responder de cierta forma. Las técnicas nos ayudan a romper con tendencias no deseadas y a cultivar otras positivas en su lugar. Una técnica de meditación eficaz conseguirá que nuestra mente vaya más despacio y pueda aprender a concentrarse en el objeto deseado.

Algunas técnicas son para aportar más prana al cuerpo, otras para silenciar a la mente, mientras que otras enseñan a la mente a hacer algo específico, como visualizar mejor. No importa lo que enseñe una técnica de meditación, su finalidad siempre es preparar a la mente para estar en silencio. No podemos aquietar la mente hasta que no seamos capaces de controlarla. Aunque muchas personas llaman meditación a una técnica de meditación, yo lo llamo desarrollo del carácter. Las técnicas nos ayudan a cultivar la capacidad para conseguir todo lo que deseemos en la vida, y nos enseñan, a través de la experiencia, el trabajo que hemos de realizar y el grado de concentración requerido para tener éxito en nuestra empresa.

Las habilidades que cultivamos a través de la meditación podemos aplicarlas a todos los aspectos de nuestra vida. La tenacidad, el trabajo duro y la concentración son tres características imprescindibles para una vida sana y positiva. Pero antes de que una persona pueda vivir en la práctica estas cualidades, debe cultivarlas en su interior. Las técnicas de meditación facilitarán este proceso de desarrollar la autoconfianza y la persona sabrá que puede conseguir salud y éxito en su vida.

Modalidades de curación para el guna tamas

El trabajo con el guna tamas es el más fácil y el más difícil. Es fácil porque lo único que hace falta es levantarse de la silla y hacer algo. Es difícil porque para hacer lo correcto hace falta claridad y fuerza de voluntad, que son el resultado de trabajar los gunas sattva y rajas. Cualquier modalidad de curación que trabaje con los elementos agua y tierra funcionará bien con el guna tamas. Para trabajar con tamas desde la perspectiva del temperamento, primero hemos de comprender la naturaleza dinámica de la propia vida.

Puesto que tamas conduce a la inercia, el estancamiento, y la confusión general en la vida, puede ser muy difícil liberarse de él. En general, las personas no saben lo que han de hacer para estar sanas y tener una vida equilibrada. Esto es normal. Lo que podemos hacer es confiar en el proceso, estar siempre activos y mantener nuestro compromiso con la vida. Aunque no puedo recomendar una técnica específica para esto, sí puedo decirte que te comprometas a vivir el presente y que aproveches todo lo que te ofrece la vida. Ser consciente de todo lo que está sucediendo en el presente es una gran forma de empezar este proceso. *Véase «Técnica para cultivar la conciencia plena» del capítulo 6.*

La vida es en sí misma la mejor maestra. Si una situación no es buena para tu salud y bienestar, puedes cambiarla. Éste es el poder del guna tamas: nada es eterno. Todo lo que llega a manifestarse en la vida es transitorio por naturaleza. Los sentimientos, los trabajos y las relaciones son efímeros. Nada permanece siempre igual. La vida está evolucionando constantemente para convertirse en otra cosa. Puede evolucionar de una forma productiva creando sueños y metas, o bien hacerlo de una forma caótica destrozando sueños, metas, salud, y el bienestar general, siempre en constante cambio y movimiento. A través de este flujo de la vida podemos implicarnos directamente en el guna tamas.

La actividad física es una forma excelente de enseñar al cuerpo y a la mente que la actividad es esencial en todos los aspectos de la vida. Sí, ya sé que algunas personas se pasan la vida en un sofá mirando la tele, jugando a videojuegos, comiendo, durmiendo, y haciendo poco más que eso. Recuerda que cuando la inercia se instaura en tu cuerpo, también lo hace en tu mente y en tus emociones. Para estar receptivo a la vida y a lo que está sucediendo en cada momento, te recomiendo que estés activo. La actividad y cultivar el guna rajas son las únicas formas de salir de la inercia. La meditación no va bien para tamas, porque en cierto modo se parece mucho al mismo. Ambos aquietan la energía, y una persona tamásica necesita moverse, no aquietar la energía estancada.

Haz ejercicio a diario. Come sano y equilibrado. Reflexiona sobre la vida en general. Esfuérzate por conseguir tus sueños y tener aficiones productivas. Todo esto te ayudará a que el guna tamas sea positivo en tu vida, en lugar de suponer un obstáculo. De hecho, cualquier cosa, incluidas todas las técnicas de los gunas y de los elementos afectarán a tamas. Todo esto son consejos prácticos; tamas no necesita nada de índole mental o intelectual. Simplemente, levántate y haz algo, ¡aunque no sepas si es lo correcto! Si no lo es, ya te darás cuenta mediante el proceso de ensayo y error. Fomenta el estancamiento, la pereza, y la inercia, y todos los aspectos de tu vida, incluido el bienestar físico, lo reflejarán. Cuanto más estancamiento, más sencillo es el consejo para resolver tu problema: come bien, haz ejercicio y descansa. No se puede hacer nada más hasta que estos aspectos no estén equilibrados.

Si estás dispuesto a levantarte y a hacer algo podrás ver hecho realidad el propósito de tu vida. Date una oportunidad y vive de veras. Recuerda que el guna tamas es el que crea los cimientos. Si lo descuidamos, nuestro sistema cuerpo, mente y alma se resentirá. Si lo utilizas para descansar adecuadamente y para mantener tu cuerpo como corresponde, todo es posible.

6

· · · · · · · · · · ·

Técnicas para la salud y la curación

Ahora ya hemos visto los gunas, los elementos y sus cualidades. Has tenido la oportunidad de descubrir cuál es tu constitución y ya estás preparado para empezar a probar algunas técnicas. He destacado algunas generales que te ayudarán a curarte, a centrarte, a equilibrar tu energía, y a permanecer positivo en tu viaje terapéutico.

Una observación respecto a trabajar con las técnicas

Las técnicas que voy a presentar son instrumentos versátiles con los que puedes iniciar tu viaje. Aprende su funcionamiento y descubre qué es lo mejor para ti. Sigue probando otras modalidades que se ajusten a tu temperamento único. A continuación te ofrezco algunos consejos para que los tengas en cuenta a medida que vayas avanzando.

La constancia en una práctica es más importante que la duración de cada sesión. Por ejemplo, es preferible practicar una técnica durante seis semanas durante cinco minutos al día, que tres veces a la semana durante una hora. Hacer algo a diario tiene más efecto sobre el subconsciente y se convierte en un proceso natural que no exige tanta concentración. Con el tiempo, la mente empezará a hacer la técnica espontáneamente. Cada técnica tiene un tiempo aproximado para obtener los mejores resultados (por ejemplo, de 4–12 minutos es lo más habitual), así que te recomiendo que elijas lo que te veas capaz de practicar regularmente y te ciñas a ello. Si el problema está en la regularidad, te aconsejo que reduzcas el tiempo y que lo vayas aumentando paulatinamente. Las técnicas son para reprogramar la mente y adoptar hábitos positivos. Aprovéchate del funcionamiento de la mente: ¿quién no puede dedicarle cinco o diez minutos al día a la salud y el bienestar? Además de los beneficios que te aportará la técnica en sí misma, también observarás otros cambios en otras áreas de tu vida, porque siempre que aprendes a ser constante en algo, refuerzas simultáneamente otros aspectos de tu vida.

Escribir un diario es una buena idea, porque dejando constancia brevemente de tus experiencias tras haber finalizado una técnica diaria, podrás observar los cambios que se han producido. Cuando hayas llevado a la práctica una técnica regularmente durante al menos tres semanas, observa cómo has cambiado. Vuelve a observar los cambios al cabo de seis semanas, de seis meses, y así sucesivamente. Pero recuerda que lo más importante es que si una técnica funciona has de seguir haciéndola. ¡No la interrumpas solo porque te encuentras mejor! Sigue con la rutina como medida preventiva y te darás cuenta de que conservas la salud, en lugar de tener que trabajar con la energía sutil para recuperarte de una enfermedad. Cada vez que practicas una técnica estás poniendo un poco de energía en tu cuenta de ahorros interior, que podrás sacar y utilizar cuando sea necesario. Tu cuenta de ahorros y tu prosperidad interiores están vinculadas: ¡no dejes que ninguna de las dos se agote!

Por último, concédete el tiempo suficiente para cada técnica antes de valorar si te está funcionando o no. Si te parece que la técnica no te funciona, puede que simplemente esté actuando sobre tus limitaciones y tu dolor interior y que esté haciendo lo que realmente necesitas. Sé sincero contigo mismo. Interiorízate y busca la respuesta dentro de ti. El viaje hacia la curación conlleva suavizar las asperezas de nuestro carácter para que podamos encontrar el equilibrio en nuestro interior. Déjate pulir y restregar cuando haga falta, eso te ayudará a encontrar la perla que estás buscando. La salud, la riqueza y la felicidad exigen que actúes de acuerdo a tu naturaleza innata. Observa qué técnicas te ayudan a conseguirlo por la vía fácil y cuáles lo hacen por la vía dura. Ambas formas son necesarias para que encuentres tu verdadera esencia.

Visualización para arraigar la energía
(fuego, tierra, y sattva)

Del mismo modo que la corriente eléctrica funciona mejor y es más segura cuando tiene una toma de tierra, la energía sutil del cuerpo humano funciona mejor cuando sabemos arraigarla. Arraigar la energía tiene dos efectos principales: favorece el movimiento de la energía en el cuerpo y elimina el exceso de energía sutil. Ambos procesos nos ayudan a conservar el equilibrio y a estar abiertos a vibraciones curativas más potentes. La técnica de arraigar también se puede usar para eliminar la energía sutil negativa, los pensamientos negativos, y cualquier vibración energética sutil no deseada. Cuando el cuerpo está arraigado, podemos recibir y movilizar más energía sutil que cuando no lo está. Estar arraigado físicamente se refiere al proceso de conectar por completo con el cuerpo y con la propia Madre Tierra.

Cuando te arraigas o arraigas una vibración energética específica, se la estás entregando a la Tierra. No te preocupes, la Tierra hace buen uso de todo, incluso de las vibraciones que consideramos negativas. Recuerda de dónde viene el abono. Lo que para uno es simplemente excremento, otro lo utiliza para abonar un terreno. La Tierra lo absorbe todo y lo transforma en energía neutral que se convierte en el pilar de todo lo que existe. Aquí tienes una técnica para afianzar el exceso de energía o la energía no deseada.

Siéntate en una postura cómoda, ya sea en una silla o directamente en el suelo. Si puedes hacerlo al aire libre, mucho mejor. Si no, la técnica funcionará de todos modos. Vivir varios años en Minnesota me ha enseñado que no siempre es posible salir afuera a tomar un poco de aire fresco, especialmente cuando hay una temperatura de veintiocho grados bajo cero y el vello de la nariz se congela al instante. Siéntate cómodamente dondequiera que estés para que puedas relajarte. Asegúrate de que sientes el suelo, ya sea porque estás sentado o porque tienes los pies apoyados en él. Cierra los ojos y respira profundo unas cuantas veces. Inspira el aire que te rodea, consciente de que ese aire está cargado con mucha energía sutil. Respira y asimila esta energía en tu cuerpo. Visualiza esta energía extra girando por el interior de todo tu cuerpo, prestando especial atención a cualquier zona que esté enferma o dolorida. Visualiza que te salen raíces de tus pies o de tus isquiones y que se introducen en la tierra; son unas raíces densas, gruesas, marrones y terrenales. Deja que se extiendan varios metros hacia abajo. Siente que la tierra absorbe tu energía sutil. Entrégale toda esa energía extra que estás inhalando y que está circulando por tu cuerpo y tus chakras, y nota cómo la saca de tu cuerpo y la dispersa en sus entrañas para utilizarla de abono. Cuando hayas terminado, visualiza que las raíces se reabsorben en tu cuerpo, pero sigue conectado con la vibración de la Tierra, sabiendo que puedes volver a conectar siempre que lo desees. Esta técnica se puede hacer fácilmente en 3 minutos y puedes alargarla hasta 12 minutos al día. Excederse de ese tiempo es innecesario. Toma notas todos los días sobre los sentimientos que te despierta esta técnica y la forma en que te está cambiando, si sus efectos son rápidos o graduales. Esto te ayudará en tu autoindagación durante tu viaje hacia la sanación.

Visualización para cultivar la energía sutil
(fuego, aire, y sattva)

Ahora que ya conoces una buena técnica para mover tu energía sutil y arraigarla para que pueda entrar más, vamos a aprender una técnica para cultivar más energía sutil. No obstante, es importante que primero aprendas a arraigar tu energía, porque atraer más energía cuando no sabes cómo canalizar la que tienes puede causarte confusión, según el tipo de energía que quieras cultivar. La energía sutil puede ser refrescante, caliente o energizante. La forma en que se te presenta te dará pistas sobre tu temperamento. Ésta es una técnica para conectarte con la energía del sol. El sol contiene toda la gama de energías, así que podrás conseguir exactamente lo que necesites. Si no sabes qué es lo que necesitas, te ayudará a equilibrar tu energía y a llenar los vacíos que considere oportuno. ¡Puede parecernos extraño que el sol tenga energías refrescantes y curativas, pero así es!

Es recomendable practicar esta técnica por la mañana o durante el día, puesto que la energía solar movilizará energía en tu interior y eso puede impedirte conciliar el sueño. Sal al aire libre y siente los rayos del sol sobre tu piel. Observa lo que sientes. Conecta con la energía del sol, siéntela sobre ti e invítala a entrar. Cuando sientas la energía del sol sobre tu piel, visualízala entrando en tu cuerpo y recorriéndolo por entero. Sigue invitando a esta energía. Visualiza cómo esta energía rompe tu estancamiento y equilibra las zonas que están enfermas o desarmonizadas. Dile a tu cuerpo que tome del sol lo que necesite y que deje el resto.

Sal al exterior y deléitate con los rayos del sol durante unos cuantos días o semanas, el tiempo que te haga falta para poder notar esa sensación del sol sobre tu piel. Cuando hayas integrado la sensación y conozcas la técnica, podrás practicarla en cualquier momento, en cualquier lugar, incluso aunque no te esté dando el sol. Podrás inducir ese sentimiento y vibración directamente desde tu interior, porque tu propia energía sutil también tiene la energía del sol. Hazlo de 3 a 11 minutos, según la cantidad de energía que sientas. Si la sientes rápidamente, mantén la visualización de 3 a 5 minutos. Si te cuesta más conectar con ella, alárgala hasta 11 minutos.

Técnica de meditación para cultivar la energía curativa (fuego, aire, sattva, y rajas)

Meditar profundamente, que es escuchar a tu alma y a Dios, no es lo mismo que utilizar una técnica. La técnica es para que la mente se concentre y dirija su energía, lo que implica actividad (energía rajas). La meditación profunda silenciosa (energía sáttvica) es justo lo contrario; trasciende la mente cuando ésta ha logrado el silencio. Una técnica puede ser una buena vía hacia la meditación silenciosa, porque hace que la mente vaya más despacio y eso favorece el silencio. En meditación profunda, te abres, te expandes, y te vacías. Vamos a aprender una técnica que enseña a la mente a cultivar vibraciones curativas dentro del cuerpo y que facilita que entremos en un estado de meditación profunda.

La salud interior está íntimamente conectada con el equilibrio de las energías; hay dos tipos de energía que recorren nuestro cuerpo: fría y caliente. Demasiado calor altera, demasiado frío estanca. A veces se dice que la diferencia entre estas energías es como concebir lo masculino frente a lo femenino, pero, sea como fuere, son polos opuestos que se unen para mejorar su eficiencia. Busca un lugar donde nadie te moleste. Siéntate en una postura relajada y cierra los ojos. Inspira y espira profundo unas cuantas veces y visualiza una combinación de azul de medianoche con luz blanca dirigiéndose hacia tu cuerpo. Visualiza esta energía entrando por todas las partes de tu cuerpo, bañándote uniformemente, curándote e inundándote de gracia. Intenta distinguir entre la luz blanca y la azul. Siéntelas como una sola y como energías separadas, que están trabajando para devolverte el equilibrio. Dirige esta energía hacia todas partes, pero haz especial hincapié en cualquier zona de tu cuerpo, de tus emociones o de tu mente que necesite un cuidado especial. Al final de la técnica, siéntate en silencio total durante al menos 5 minutos, en los que no visualizarás o pensarás en nada. Puedes permanecer sentado en este lugar tranquilo todo lo que te apetezca o aguantes. Simplemente, goza de la energía que has creado o del concepto de la nada.

Realiza esta técnica de 6 a 11 minutos al día, súmale la parte de estar en silencio al final, y hazla con regularidad. Lo puedes hacer de día o de noche sin que tenga efectos secundarios. Cuando el calor y el frío intensos se unen, la energía se siente de formas diversas. Profundiza en esta experiencia y observa cómo la sientes. Visualiza cómo cambia el azul cuando se combina con el blanco. Adoptará un tono distinto al del azul de medianoche con el que has empezado. La luz azul representa las energías refrescantes femeninas. Es el vacío universal de lo cual surge todo lo demás, incluida la luz, toda la energía, y todo el resplandor. Es la energía potencial de la creación que tiene el poder de disolver las enfermedades y reabsorberlas para devolverlas al estado de energía potencial neutra pura, que se puede reutilizar para crear cosas nuevas y positivas en la vida. La luz blanca representa la culminación de la pureza y de la luz que procede de este vacío, del luminoso ser interior y de la fuerza de Dios que nace de la propia conciencia en estado latente. Es caliente, fogosa y pura. Calor blanco. Cuando las dos se unen destruyen la energía negativa y hacen que vuelva a su fuente. Devuelve la unidad y el equilibrio al cuerpo, a la mente, y a las emociones. Los símbolos de la asistencia sanitaria siguen representándose a día de hoy con los colores azul y blanco. Indaga en el simbolismo de estos colores y en su historia si te interesa el tema.

Técnica de pranayama para crear energía sutil (aire)

Mucha energía sutil procede del aire que respiramos, por consiguiente, trabajar con la respiración de diversas formas puede ayudarnos a atraer más energía a nuestro cuerpo. Si quieres aprender más técnicas de pranayama, ésta es una parte eficaz que se suele incluir en la mayoría de las clases de yoga de las asanas. Hay técnicas para calentarse, relajarse, concentrarse, y prácticamente para cualquier cosa. Vamos a aprender una técnica que te ayudará a crear energía.

Siéntate cómodamente. Respira profundo unas cuantas veces para empezar a relajarte. Cierra los ojos para que puedas concentrarte únicamente en tu respiración. Inspira lento y profundo contando hasta 8 segundos. Tardarás 8 segundos en llenar por completo tus pulmones de aire. Cuando hayas terminado de inhalar, retén la respiración 4 segundos. Exhala en 4 segundos más. Cuando puedas repetir este ciclo 21 veces, habrás completado 22 ciclos respiratorios. Si no quieres cronometrar los tiempos, no pasa nada, cuenta hasta 8 siguiendo un ritmo regular y mantenlo mientras cuentas 4 en la retención y 4 en la exhalación. Cuando hayas hecho 22 ciclos respiratorios, haz unas cuantas respiraciones normales y sonríe antes de regresar a tus actividades cotidianas.

Emplear más tiempo en inhalar que en retener la respiración y en exhalar aumenta nuestra capacidad de almacenar energía sutil en el cuerpo. Las enfermedades siempre se deben a un estancamiento de energía o a la falta de la misma, de modo que este tipo de técnicas puede ayudar a revitalizar nuestro cuerpo. Puedes hacerlo en menos de 10 minutos y en cualquier lugar.

Técnica de pranayama
para disipar la energía negativa (fuego y aire)

Esta técnica es la opuesta a la anterior y entrena a nuestro cuerpo y a nuestra mente a desintoxicarse a través de hacer alargar más la exhalación que la inhalación. Siéntate cómodamente y cierra los ojos. Haz unas cuantas respiraciones profundas para relajarte antes de empezar. Inhala profundo en 4 segundos. Retén la respiración 4 segundos (o cuenta hasta cuatro). Exhala en 8 segundos, lo que significa que has de mesurar la respiración para asegurarte de que empleas los ocho segundos sacando todo el aire que tienes dentro. Si no te apetece cronometrarlo, cuenta tú mismo los 8 y los 4 segundos mentalmente, siempre y cuando seas capaz de seguir un ritmo estable (el conteo de 4 ha de ser la mitad que el de 8). Repite este ciclo respiratorio 21 veces, lo que supondrá un total de 22 respiraciones completas. Cuando hayas terminado, respira a tu aire unas cuantas veces y sonríe antes de volver a tus quehaceres.

Siempre que trabajas con la respiración es normal que te marees o te desorientes un poco. Si tu cuerpo no está acostumbrado a absorber algo más de oxígeno y energía sutil, puede tardar un poco en acostumbrarse. Obsérvalo en esta técnica y en la técnica para cultivar la energía sutil, y concluye cuál te sienta mejor y te da los mejores resultados. Esto te dará información sobre tu carácter. Si prefieres la técnica para cultivar la energía sutil, será muy indicado para ti trabajar tu prosperidad interior y sentido de la abundancia. Si, por el contrario, te va mejor la técnica para disipar la energía negativa, probablemente lo más eficaz para ti será que trabajes el discernimiento interior a través de prácticas de contemplación y destrucción. Si tu mente sabe que ha de deshacerse de algunas cosas, sentirás la necesidad de usar técnicas de destrucción o disipación. Si te sientes vacío y necesitas apoyo interior o amor, tendrás que restaurar tu equilibrio mediante técnicas para cultivar estas cualidades.

A mí me gusta trabajar con ambas técnicas. Al inicio de mi viaje prefería las técnicas de disipar y purificar; además siempre me ha gustado el fuego. Al cabo de un tiempo, empecé a decantarme hacia la plenitud. Ahora utilizo una u otra según mi necesidad del momento. Algunos días, si he tenido mucho estrés o problemas, necesito disipar la energía. ¡Otros, sin embargo, prefiero concentrarme en cultivar la prosperidad!

Técnica del agua cargada con mantras (agua y éter)

Ya hemos hablado de la importancia del agua como conductora de vibraciones y de su poder para ayudarnos en nuestro viaje hacia la curación. Vamos a aprender una técnica para infundir las vibraciones positivas de un mantra en un vaso de agua potable. El agua cargada con las vibraciones de un mantra puede dar un empujón positivo a las vibraciones que experimentemos durante el resto del día, y despertarnos emociones más positivas, sentimientos de poder personal, y un estado de felicidad general.

Toma un vaso de agua potable. Sostenlo entre ambas manos, la palma de la mano izquierda situada en la base y la de la mano derecha en la parte superior. Visualiza la conexión con el vaso y el agua que contiene e intenta sentirla. Recuerda alguna experiencia muy positiva en tu vida, para que la vibración de la misma recorra tu cuerpo. Mientras tienes el vaso entre tus manos, repite varias veces el mantra bija «Srim». Srim es un mantra bija de belleza y plenitud de los anhelos del corazón, por consiguiente, es un mantra positivo apto para cualquiera. Tiene una energía suave y suele despertar sentimientos de amor y felicidad. ¡Asegúrate de que cantas el mantra en voz alta! Siente sus vibraciones transmitiéndose a través de tus manos e introduciéndose en el vaso de agua. Srim te ayudará a fortalecer tus sentimientos de prosperidad interior que te serán útiles en todos los aspectos de tu vida.

Cuando hayas cantado el mantra unas cuantas veces, bébete el agua. Ahora contendrá su vibración y ésta recorrerá tu cuerpo físico a través del agua para nutrirte con su energía sutil. Puedes cargar el agua con cualquier mantra que desees o incluso usar una afirmación en su lugar, si no te sientes a gusto con los mantras. Lo que importa es que sientas que la vibración positiva de lo que estás diciendo se transmite al agua. Para ello debes tener alguna conexión con el mantra o la afirmación que repites. Eso ayudará a que la técnica actúe en un nivel más profundo de conciencia.

Esta técnica es extraordinariamente rápida y puedes hacerla todas las veces que quieras. Yo siempre bendigo el agua con un mantra antes de bebérmela. Es parecido a repetir una oración antes de comer o de beber. Si quieres ver algún efecto, debes ponerla en práctica al menos una vez al día, pero mejor si lo haces con más frecuencia.

Técnica del agua cargada con gemas
(tierra y agua)

Quizás lo de cargar el agua con un mantra no es para ti, al menos ahora, pero puede que desees sentir los efectos del agua cargada energéticamente. Quizás el mensaje que quieres transmitirle a tu cuerpo y a tu espíritu sea más complejo de lo que puedes transmitir con una simple afirmación. Las gemas son una buena alternativa. Todas las gemas tienen vibraciones complejas y específicas que actúan en distintos planos de la existencia. La otra ventaja de trabajar con gemas es que su conciencia no fluctúa como lo hace la nuestra. Siempre podrás obtener de ellas la misma vibración. El agua cargada con gemas, como la cargada con mantras, tiene el potencial de fomentar emociones positivas y sentimientos de poder personal y felicidad.

Antes de usar una gema límpiala bajo el agua y usa una piedra que tenga una vibración que desees incorporar en tu cuerpo. Para elegir una piedra o gema consulta algunos de los muchos libros e información que hay sobre las vibraciones de las gemas y de los cristales. Lava tu gema a fondo con agua caliente y aclárala con agua fría.

A algunas les gusta purificarse al sol, y a otras a la luz de la luna, aparte de la limpieza con agua. Investiga un poco sobre la piedra que vas a usar antes de cargar con ella el agua que vas a beber.

Cuando hayas limpiado adecuadamente tu piedra física y energéticamente, colócala en un vaso de agua y déjala en reposo al menos 11 minutos. El once es un número de maestría y trabajar con su vibración puede aportar esa cualidad a tu vida. Puedes dejarla más tiempo, toda la noche, si quieres, pero no es necesario. Saca la piedra antes de beberte el agua. También puedes poner la piedra en una jarra llena de agua, para no tener que repetir esta operación cada vez que quieras beber. Solo has de asegurarte de que limpias la piedra cada vez que se agota el agua de la jarra.

Mi gema natal es el peridoto. El peridoto tiene muchas cualidades que actúan en el plano físico, emocional y espiritual. Si pongo mi gema natal en un vaso de agua potable, estoy usando una gema que ya tiene una afinidad natural conmigo, lo que incrementa su efecto sobre mí. Otra forma de seleccionar una gema que sea adecuada para ti es estudiando un poco el tema hasta descubrir la que tenga las cualidades místicas que te aporten lo que te falta o la ayuda que más necesitas en un momento dado de tu vida.

Las gemas tienen unas vibraciones muy potentes y es fácil que notes pronto los resultados de esta práctica. Sin embargo, has de ser constante si realmente deseas integrar por completo su vibración en tu vida. Te recomiendo que no combines diferentes gemas hasta que tengas mucha experiencia con esta técnica y un conocimiento profundo del funcionamiento de las vibraciones de las gemas cuando se mezclan.

Técnica para cultivar la conciencia plena (sattva, éter, aire, agua, y tierra)

Ésta es una técnica de energía solar para cultivar la conciencia plena. En este libro presento varias técnicas solares porque no es fácil encontrar información sobre ellas, y este tipo de técnicas ayudan a aclarar y a reforzar el temperamento y la constitución física general. La conciencia plena se refiere a la habilidad de concentrarte en algo específico en el momento presente, que básicamente significa ser capaz de no percibir las cosas a través de las impresiones almacenadas en nuestra mente. También te ayudará a que reconozcas la diferencia entre conciencia y experiencia, y a hacer la transición entre conciencia, sentimiento, integración, y arraigo de la energía. Cuando eres plenamente consciente, puedes reconocer si simplemente estás siendo consciente de algo o si lo estás experimentando directamente. Eso te ayudará a estar presente en tu estado de conciencia y en tu experiencia en cualquier situación de la vida.

Exponte de pie a la luz solar cualquier día que haga sol. Hazlo a las horas en que esto no suponga un riesgo, pero si no tienes otra opción, toma las medidas de precaución necesarias. Empieza concentrándote en que eres consciente de que estás de pie bajo el sol. Está el sol, tú, y mucho espacio entre ambos. Ve trasladando tu percepción hasta llegar al ámbito del sentimiento. Concéntrate en sentir los rayos solares sobre tu piel a través del sentido del tacto. Observa mentalmente cómo te sientes al estar en contacto con el sol. ¿Habías sentido alguna vez el sol de este modo? Siente cómo absorbes la energía a través de tu piel y entrando en tu cuerpo. Ahora, céntrate en sentir esa energía recorriendo todos los fluidos de tu cuerpo. Siente el flujo de la energía solar dentro de ti. Siente lo que está sucediendo dentro de tu cuerpo bajo el influjo de la energía solar a la que estás expuesto en estos momentos.

Empieza practicando esta técnica solo durante 3 minutos: 1,5 minutos sintiendo la energía sobre tu piel y 1,5 minutos sintiendo cómo recorre tu cuerpo. Esto es para asegurarte de que no te sobrecargas de energía. Ve alargando los tiempos cuando te sientas cómodo con la técnica, sin exceder nunca los 10 minutos (5 minutos para cada fase). Cuando hayas terminado, camina tranquilamente durante un minuto, si puedes hacerlo descalzo tanto mejor, para sentir tus pies desnudos sobre la tierra, una forma excelente de conectarte directamente con este elemento y de arraigarte.

Técnica para cultivar la intuición y la conciencia sutil
(sattva, rajas, tierra, aire, y éter)

Una de las mejores formas de reforzar la intuición y de cultivar el conocimiento interior es a través de la meditación. La meditación silenciosa y las técnicas de meditación son igualmente eficaces. Aquí aprenderás una técnica combinada de visualización y meditación para reforzar tu conexión contigo mismo. Siéntate en una postura cómoda y cierra los ojos. Respira tranquilamente y concéntrate en la respiración. Interiorízate y lleva tu atención al centro de tu pecho, a la región del cuarto chakra. Visualiza el espacio abierto y de color azul oscuro. Mantén una respiración tranquila y concéntrate en la visualización. Puede que no te resulte fácil visualizar, pero con la práctica diaria mejorará. Haz todo lo que puedas por enfocarte en la visualización y no te involucres en tus pensamientos y sentimientos. Puedes practicar esta parte de la técnica de 5 a 11 minutos. Cuando hayas finalizado esta fase, visualiza chispas de colores y flashes de todo tipo de luces surgiendo de la oscuridad del espacio. Esos flashes de luz y chispas han de ser diminutos respecto a ti. Visualízalos durante 3 minutos, luego siéntate en silencio con la mente en blanco y no visualices nada en 2 o 3 minutos.

Cuando las personas hablan de la intuición o de la sabiduría interior, suelen decir que es algo espontáneo que ha surgido de la nada. Esta meditación y visualización te abrirá a recibir toda la gama de energías que surgen de la nada. De hecho, si te sientas y visualizas este campo de vacuidad expansiva el tiempo suficiente, empezarás a observar que aparecen cosas en su interior. Esto es normal. Practica esta técnica diariamente para obtener los máximos beneficios. Es una técnica para hacerla por la noche o antes de acostarte.

Técnica para cultivar la prosperidad interior
(sattva, rajas, tamas, y tierra)

La prosperidad interior está relacionada con seguir sinceramente el camino que te has propuesto en tu vida y con tener un alto grado de autoestima, y eso es un proceso muy individual. La prosperidad se basa en el amor y en permitir que éste fluya libremente en nuestro interior. Esta técnica de visualización reforzará tu seguridad en ti mismo desde lo más profundo del sistema de los chakras para que todas las demás energías sutiles puedan hacer su trabajo.

Siéntate cómodamente en el suelo, sobre un cojín o en una silla. Lo que importa es que estés cómodo y relajado. Cierra los ojos y respira profundo unas cuantas veces. Visualiza energía roja y blanca uniéndose hasta formar una bola de energía rosa del tamaño de una pelota de ping-pong o de golf, que se situará en el primer chakra (raíz). Has de ver un color rosa pálido que no sea demasiado brillante o vivo. Si te ha salido demasiado intensa, mézclala con un poco más de luz blanca, para que sea de color rosa claro y suave. Concéntrate en esta visualización de 3 a 5 minutos. Transcurrido ese tiempo, deja que el suave brillo de esta luz rosa se asiente en el centro del primer chakra y entonces visualiza volutas de energía proyectándose hacia afuera a través de la totalidad del primer chakra. Cuando puedas ver o sentir esto claramente, visualiza las volutas de esta energía recorriendo tu cuerpo en sentido ascendente, llegando hasta el centro del corazón, recorriendo tus brazos, ascendiendo hasta la cabeza. Deja que estas volutas de energía se disipen y desaparezcan rápidamente, no es necesario retenerlas allí. A medida que se vayan desvaneciendo, ve visualizando más energía rosa recorriendo suavemente tu cuerpo. Repite esta visualización de las volutas de energía rosa de 3 a 5 minutos; luego concluye la técnica permaneciendo sentado en silencio durante al menos 2 minutos.

La energía roja representa las pasiones de la vida y el mundo físico, mientras que la energía blanca representa la esencia pura de Dios y los aspectos superiores de nuestro ser interior. Al mezclar estas dos energías de una manera suave, a la vez que nos concentramos en el primer chakra, aprendemos a sentirnos seguros y a amar, los dos puntales sólidos de nuestro crecimiento personal.

Técnica de purificación con el elemento agua (agua)

Esta técnica combina la visualización y el agua para facilitar el proceso de limpieza interior. Se puede usar para eliminar pensamientos y sentimientos negativos, y para reducir la ansiedad y el estrés. Bebe un vaso de agua y siéntate cómodamente. No bebas más de un vaso, de lo contrario te costará sentarte tranquilamente y concentrarte. Haz unas cuantas respiraciones profundas para ir relajándote. Acabas de beberte un vaso de agua, reflexiona sobre sus propiedades de limpieza para eliminar toda la suciedad, física y energéticamente. Visualiza la esencia sutil del agua que te acabas de beber, penetrando en todas las zonas de tu cuerpo sutil como una corriente de energía refrescante, fresca y purificadora, que elimina todo lo que encuentra a su paso que ya no es útil para ti. No es necesario que te concentres en nada específico; de hecho, es mejor que no lo hagas. No te fijes en nada que sea negativo durante este proceso. Simplemente concéntrate en la corriente de agua y en que está arrastrando todo lo que no pertenece a tu naturaleza innata.

Mientras visualizas el flujo del agua a través de tu cuerpo, cambia tu atención al segundo chakra (Svadhisthana). Empieza a visualizarte sentado en la playa mirando el ir y venir de las olas del mar. Siente y visualiza cómo acarician suavemente tus piernas, y cómo la ola se lleva todo aquello que no es bueno para ti en su regreso al océano. Presencia este proceso durante un rato. Procura sentir cómo empieza a limpiar suavemente tu negatividad (recuerda que el agua de mar es salada, y que la sal es un purificador natural que absorbe la energía negativa y la expulsa). Haz esta técnica de 5 a 8 minutos al día. Cuando termines quédate sentado relajadamente durante al menos 3 minutos más. Una vez finalizada, vuelve a beber otro vaso de agua antes de reemprender tu rutina.

Visualización sobre el espacio infinito (éter)

La visualización sobre el espacio infinito está pensada para ayudarte a conectar con el elemento éter y con la capacidad expansiva de tu energía sutil. Puedes usar esta técnica de distintas formas. En primer lugar, utilízala regularmente para familiarizarte con ella. Cuando lo hayas hecho y puedas sentir realmente la expansión y contracción de tu energía sutil, podrás utilizarla para aliviar el dolor de alguna zona específica de tu cuerpo. Cuando algo se contrae aparece el dolor; cuanto más espacio aportamos a esa contracción, más desaparece el dolor. Hace falta práctica, pero se puede conseguir con constancia.

Siéntate cómodamente y relájate. Cierra los ojos y respira profundo unas cuantas veces. Visualízate sentado. Ahora visualiza que empiezas a elevarte, a salir fuera de tu cuerpo, que llegas hasta las nubes, al cielo y hasta el espacio exterior. No obstante, procura seguir manteniendo la conexión con tu cuerpo físico, pero imagínate en la inmensidad espacial. Observa los planetas, las estrellas, y las galaxias. Sigue saliendo. Sigue hasta que no veas nada más que espacio puro azul oscuro, desprovisto de todo. Quédate en ese vacío y nota cómo se expande tu energía por el vacío de la nada todo lo lejos que puedas llegar. Esta parte de la técnica durará 5 minutos. Transcurrido ese tiempo, visualiza el retorno de tu energía hasta que llegues a convertirte en un puntito de luz en medio de la oscuridad del espacio. Nota que vas regresando a tu cuerpo. Observa que vuelves a ver las galaxias, las estrellas, y los planetas; siente que vas regresando a la Tierra hasta llegar de nuevo a tu cuerpo físico. Esta segunda parte de la técnica en la que regresas a tu cuerpo dura otros 5 minutos. Sigue sentado de 3 a 5 minutos más sintiendo la energía en tu cuerpo físico.

Si después de poner en práctica esta técnica tienes que hacer cosas que requieran atención (como conducir, cocinar o trabajar), puede que te ayude realizar un ejercicio para arraigar tu energía. *Véase «Visualización para arraigar la energía» en el capítulo 6.* Esto te ayudará a volver a concentrarte y a estar totalmente presente en tu cuerpo físico.

Técnica para cultivar la unidad (sattva, rajas, y tamas)

El corazón es el lugar (chakra Hridaya) donde todo se une y trabaja en armonía. Vamos a aprender una técnica que se centra en el corazón para aumentar nuestro sentido de unidad e interconexión con todas las cosas.

Siéntate cómodamente y en silencio. Visualiza o siente la energía de la lavanda en el centro del corazón. Siéntela crecer hasta que inunde por completo tu corazón. Mantén esta visualización o sentimiento todo el tiempo que puedas. Deja que esta energía absorba todo lo que hay en tu corazón y en todas las facetas de tu ser (puesto que en el corazón se halla todo). Siente que todas las energías se reúnen formando un todo homogéneo en esta energía lavanda. Haz que esto se convierta en una técnica de meditación donde sientes el trabajo de la energía dentro de ti. Finaliza la técnica y permanece en silencio sin visualizar nada durante 3 minutos más. Puedes practicarla diariamente de 5 a 11 minutos.

Con la práctica regular verás con más claridad la unidad intrínseca de todas las cosas y sentirás más unidad dentro de ti. Deberás practicarla cada día para que tenga un efecto duradero en tu vida.

Técnica para el nuevo crecimiento y cambio positivo (sattva, rajas, tierra, aire, y éter)

Ya hemos aprendido una técnica para cultivar la prosperidad interior. Ahora veremos otra para estimular un nuevo crecimiento y la abundancia exterior. Es una práctica excelente para combinarla con la «*Técnica para cultivar la prosperidad interior*» que hemos visto con anterioridad, pues ambas se retroalimentarán.

Siéntate cómodamente y relájate. Si tienes algo verde en tu casa que te guste, como gemas, cristales, plantas, cuadros o alguna obra de arte, cualquier cosa que te haga feliz, llévalo al espacio donde vayas a hacer la técnica. Cierra los ojos y visualiza una energía de color verde esmeralda girando en el centro de tu corazón. Deja que esta energía crezca y se expanda. Puede permanecer de ese color o bien volverse de color verde oscuro como el de un bosque. Deja que esta energía eche raíces en el suelo y que absorba nutrientes de la tierra. Observa cómo crece y se expande. Puede adoptar la forma de una planta o de un árbol, o seguir siendo energía, lo que prefieras. Esta energía verde vibrante tiene magnetismo y atrae energía externa positiva hacia ti. Mientras estás sentado en medio de tu visualización canta el mantra «Srim hrim hrim srim». (Hemos aprendido anteriormente el bija srim y su conexión con la belleza y la prosperidad interiores; este bija te ayudará a atraer la abundancia externa.)

Practica esta técnica de 3 a 8 minutos diariamente, pero no te excedas de los 8 minutos. Cuando hayas terminado, siéntate en silencio durante 2 o 3 minutos más antes de retomar tus actividades. Para reforzar esta energía todavía más, come alimentos verdes saludables (verduras de hoja verde, espinacas, brócoli, té verde, etcétera) y procura estar en contacto con la naturaleza todos los días.

Conclusión

Espero que hayas disfrutado de esta exploración sobre la curación vibracional. Hemos visto todos los conceptos fundamentales necesarios para comprender lo que es la curación vibracional y cómo aplicarla en nuestra vida. Hemos empezado por las diferencias entre la forma que tiene Occidente de contemplar la medicina y la de la curación vibracional, y luego hemos aprendido cómo la mente, el corazón, los sentimientos, y el espíritu afectan a la salud. Después hemos visto lo que es la energía sutil, de dónde procede y cómo recorre nuestro cuerpo. De ahí hemos pasado a los diez chakras principales que tan importantes son para mantener una salud óptima y el equilibrio en la vida. Luego hemos descubierto que nuestra energía sutil es la que crea nuestro temperamento (gunas) y nuestra constitución física (elementos), y que ambos son creados de acuerdo con el propósito que hemos venido a cumplir en nuestra vida. Has podido hacer dos tests que te han ayudado a conocer cuáles son tus gunas y tu constitución elemental, y te han demostrado que el cuerpo, la mente y el alma actúan conjuntamente para hacer de nosotros los seres únicos que todos somos y facilitarnos un estilo de vida equilibrado. A continuación hemos visto los distintos tipos de curación que corresponden a los gunas y a los elementos. También hemos visto varias técnicas que actúan en gunas y elementos específicos, para que puedas encontrar una técnica que se adapte a tus necesidades actuales y al propósito de tu vida.

¡Espero que este libro te inspire a probar algunas modalidades de curación vibracional por ti mismo y que te ayude a cambiar tu visión sobre ti y sobre tu vida! El viaje hacia la curación es algo muy personal y experimental, eres tú y tu propósito. Después de haberte enseñado cómo funcionan estas modalidades y de ofrecerte otra forma diferente de entenderte a ti mismo, confío que te sea más fácil aunar el valor para probar algo nuevo. ¿Qué has aprendido acerca de ti mismo en este proceso de curación? ¿Cómo ha cambiado tu visión de la vida? ¡Esto es solo el principio!

Sigue indagando, aprendiendo, y, lo más importante, soñando. En tus sueños descubrirás lo que más importa: tú. Sigue profundizando en ti mismo y en lo que más te importa. ¡Los límites de la vida, la felicidad y la salud pueden expandirse tanto como lo haga tu mente! ¡Vive bien, siéntete bien, y sé siempre fiel a tu propio corazón!

Apéndice para los sanadores

Vamos a explorar algunos conceptos sobre qué es lo que nos convierte en buenos sanadores. Lo haremos desde la perspectiva del alma, de nuestro dharma innato, y de los dones naturales que poseemos. Veremos cómo hacer uso de nuestros talentos para nuestro máximo beneficio y cómo utilizar la tríada cuerpo, mente, y alma para saber qué es lo que hemos de hacer, cuál es la mejor forma de hacerlo y cómo manejar el proceso de la curación. Asimismo, revisaremos algunos aspectos prácticos de la salud y la curación, incluida la ética y el dinero, y la mejor forma en que cada uno de nosotros podemos abordarlos.

¿Qué es lo que te convierte en un buen sanador?

Estoy segura de que muchos habréis comprado este libro porque estáis pensando en convertiros en sanadores. Veamos algunos aspectos que harán que tu intento de comprender la curación vibracional tenga sentido. ¿Qué significa ser un buen sanador o un mal sanador? ¿Cómo puedes saber si estás dando lo mejor de ti o si no estás desarrollando todo tu potencial?

Ser sanador implica tener una percepción profunda y sutil. Te exige que seas la mejor persona posible, para poder dar lo mejor de ti a los demás. Supone vivir todos los días en perfecta sintonía con tu cuerpo, mente y alma, y que ese equilibrio integrado sea tu forma de vida, no algo que haces como un extra. En primer lugar, y lo más importante, es que has de entender tu dharma y tu propósito en la vida. Actuar de acuerdo con tu temperamento. Si sientes profundamente que tienes que ayudar a otras personas porque tienes alguna facultad curativa, ¡adelante! Hay miles de formas de curar, por lo tanto, entenderte a ti mismo y conocer tus tendencias es un primer paso esencial. Un yogaterapeuta actúa de una manera muy distinta de como lo hace un acupuntor, que a su vez no es lo mismo que un terapeuta de la energía. Todas estas personas se dedican a la curación, pero sus temperamentos y estilos de vida puede que difieran bastante. ¿Qué es lo que te hace feliz? ¿Qué te hace sentirte vivo y florecer? Si entiendes estos matices de tu carácter, puedes ser sincero respecto a cómo quieres que sea tu estilo de vida y cuáles son las modalidades específicas con las que tienes más afinidad.

Concéntrate en las modalidades que le van bien a tu temperamento y a tu constitución elemental. Si intentas concentrarte en técnicas que no te gustan solo porque crees que son mejores que las que a ti te gustan, es que no has entendido nada. Te va a ser muy difícil dominar una modalidad que no va con tu temperamento, y será todavía más difícil que la practiques con alegría cuando intentes aplicársela a los demás. Las modalidades que a ti te funcionan son como una extensión de tu propio carácter. Una modalidad no es más que un instrumento que te facilita un proceso de sanación. Solo puedes dar lo que tienes dentro. Por lo tanto, cuando estés transmitiendo tu esencia asegúrate de que lo haces a través de las técnicas que están en sintonía con tu forma de vida. Se trata de que utilices tus talentos. El uso de tus talentos y tus dones despertará fuertes sentimientos de prosperidad interior, que es lo que propicia la llegada de todas las cosas buenas, para ti y para las personas con las que estás trabajando.

Si quieres ser un buen sanador, enfoca tu aprendizaje como lo harías con tu educación oficial: tómate en serio tu empeño, dedica tiempo a aprender, y procura ser polifacético. Tener conocimientos básicos en otras áreas te servirá para entender mejor a las personas que acuden a ti y para tomar mejor las decisiones que afecten a su bienestar general. Los buenos sanadores dedican bastante tiempo a aprender y a cultivar sus habilidades en más de un área, aunque muchos terminan especializándose en el tema que realmente dominan.

Puesto que todos somos tan diferentes y la curación exige que trabajemos en distintos niveles del cuerpo, la mente, y el alma, utilizar más de una técnica, o al menos conocer otros medios para poder aconsejar a las personas, es la vía más rápida de solucionar un problema. Los buenos sanadores tienen una vida equilibrada en la que el trabajo no lo es todo. Un tipo de vida equilibrada hace que nos sea más fácil comprender más de una técnica, porque la vida siempre incluye diversidad y complejidad. Al principio puede que no sea intuitivo, pero las personas que se cuidan, que se conocen a sí mismas y que se preocupan de desarrollar las distintas áreas de su vida, serán las más indicadas para ayudar a los demás a recobrar su salud y unidad interiores. Curar significa completar. ¿Está tu vida orientada hacia la plenitud o solo a satisfacer un aspecto?

Hay un terapeuta al que me encanta observar. Practica una combinación de masaje, con terapia craneosacral y reiki, y también sabe bastante de plantas medicinales. Tiene una vida laboral y privada bien equilibrada, y le da tanta importancia a la familia como a la espiritualidad. Por la forma en que realiza sus terapias es evidente que son una extensión de su forma de vida. Es muy bueno con sus modalidades y haciendo que la gente se sienta a gusto. Sentirte a gusto con un terapeuta es muy importante para curarte, porque cuando recurres a una ayuda externa te estás aventurando a lo desconocido.

Cuando ya tengas claro qué modalidades quieres practicar, decide si quieres hacerlo como profesional o como aficionado. Antes de que empieces a practicar la curación con los demás, aclara tus ideas respecto al dinero o cualquier otro método de compensación. Has de tener claro por qué quieres ser sanador y por qué quieres ayudar a otras personas. Sigue a tu corazón y márcate unas directrices claras. Éste es un tema muy controvertido para muchas personas, pero no tiene por qué ser así. Basta con que seas sincero contigo mismo. No tiene nada de malo ganarse la vida curando profesionalmente, como tampoco lo tiene curar a los demás gratuitamente. La cuestión está en qué es lo que a ti te funciona y cuáles son tus metas.

Cuando hago un trabajo de orientación y sanación, a veces cobro y a veces no. Todo depende de la situación de la persona, y siempre me dejo guiar por mi instinto. No rechazo a las personas porque no me puedan pagar, ni tampoco acepto a cualquier persona si siento que lo que le voy a hacer no le va a funcionar. Siempre me baso en escuchar a mi voz interior y en no dudar jamás de lo que me dice. El dinero nunca es el factor decisivo, mi corazón sí. Tener las ideas claras respecto a ti mismo, a tu relación con tu práctica y con el dinero, liberará tu energía para que pueda dedicarse a curar, en lugar de confinarla en tu interior debido a la batalla que mantienes con tu propia mente.

Si te has propuesto curar a los demás profesionalmente, hazlo con todo tu entusiasmo y atención. Asegúrate de que eres bueno en tu especialidad antes de empezar a cobrar por ello. Cada vez que entre en juego el dinero, revisa tu motivación y crea tu propio código de conducta al cual remitirte cuando sea necesario. Voy a ponerte un ejemplo. Solo porque una persona haya aprobado un curso de formación no significa que sea competente en esa materia. Un diploma no te convierte en un sanador. Te convierte en un diplomado en una materia y en un practicante de la misma. Hace falta tiempo y práctica para dominar tus dones curativos, y la sabiduría interior es un ingrediente esencial en la salud y la curación. La curación viene de la profundidad, no puede ser eficaz si solo se encuentra en la superficie y no está conectada con tu esencia más profunda. Para asegurarte de que puedes conectar con tu esencia más profunda cuando lo desees, primero has de saber cómo vas a manejar todas las cosas superficiales, incluido el dinero, antes de empezar. Mantener la concentración y el enfoque te ayudará a poder dar siempre lo mejor de ti mismo a las personas sobre las que ejerzas la sanación.

¡Sanador, cúrate a ti mismo!

Casi todos los grandes sanadores han tenido que enfrentarse a algún problema de salud o a alguna dificultad en su propia vida. Esto forma parte del proceso natural de crecimiento personal, que es lo que hace que queramos ayudar a otros. Es importante que primero te asegures de que te has curado a ti mismo. Nadie es perfecto, pero concéntrate en tu persona para que más adelante puedas dar con alegría lo mejor de ti a los demás.

Las personas que acudan a consultarte notarán automáticamente tu energía sutil. Si es una energía amable y de aceptación, eso es lo que captarán. Si no te amas a ti mismo incondicionalmente y todavía tienes luchas interiores, eso es lo que notarán. ¿Cómo te relacionas con las personas? ¿Cómo se sienten las personas cuando están a tu alrededor? Es importante que te hagas estas preguntas. Si no eres capaz de hacer que alguien se sienta cómodo en tu presencia, tienes pocas oportunidades de conseguir que esa persona se abra y esté dispuesta a confiar en ti para que la guíes en un proceso de curación profunda. Cuando la gente no se siente cómoda contigo, puede que todavía tengas que trabajar ciertos aspectos de tu personalidad. Reflexiona sinceramente sobre esto y haz lo que consideres necesario para recuperar tu estado de equilibrio.

Algunas personas creen que basta con arraigarse antes de una sesión. No opino lo mismo. Los sanadores deben predicar con el ejemplo. Tener un estilo de vida sano. Cuidar de su cuerpo, mente, y alma diariamente. Ser coherentes en su propia rutina. Si no eres capaz de hacer algo tú mismo, ¿cómo puedes decirle a otra persona que lo haga? La gente no va a un sanador vibracional a escuchar sus palabras, sino a sentir sus vibraciones. El bienestar e incluso la vida de otra persona están en tus manos, así que tómate en serio tu trabajo y da siempre lo mejor de ti mismo. La sanación exige que estés totalmente presente y que seas capaz de transmitir tu esencia en el proceso de sanación. No puedes hacerlo con la mente dispersa pensando en un montón de cosas, como puede suceder en otros tipos de trabajo. No podrás dar lo mejor de ti mismo hasta que no hayas conseguido serenar tu mente y ser capaz de estar en el aquí y el ahora. Puesto que la curación vibracional actúa en niveles muy sutiles de la energía y de la experiencia, hace falta profundidad y concentración para hacerlo bien. Si tu vida no está en orden, tendrás problemas en tu práctica de la sanación.

La curación tiene lugar dentro

Probablemente éste sea el concepto más importante que ha de tener claro un sanador. La salud y la curación siempre son un proceso interior. Aunque seas el mejor sanador del mundo, no podrás curar a todo el que acuda a ti. Cada persona tiene que aceptar en su mente y en su corazón las vibraciones curativas que le están transmitiendo. Todos podemos elegir entre estar sanos o seguir enfermos. Muchas personas no quieren estar enfermas conscientemente, pero en algún lugar de su subconsciente hay alguna razón para que sigan experimentando el dolor o el sufrimiento. La disposición y la capacidad para dejar ir la enfermedad ha de superar a la de retenerla.

Curar es dar, no se trata de forzar nada ni de ensalzar el propio ego. Los sanadores y las diferentes modalidades de curación no son más que canales para que pase la energía. Así es; tú no eres más que un canal. El proceso de dar energía a otra persona para ayudarla en su viaje es muy hermoso. La razón por la que algunas personas deciden no curarse es algo que solo sabe su alma y que forma parte de su viaje personal en la vida, y eso es algo que hemos de respetar y aceptar. El sanador no es más que uno de los dos platos de la balanza. No se ha de culpar a una persona porque no se haya curado, ni tampoco al sanador. Algunas cosas escapan a nuestro entendimiento. Haz todo lo que puedas, da lo mejor de ti y sé siempre compasivo.

Puesto que solo eres un canal, ¿qué puedes hacer para ser el mejor canal posible? Como la curación se basa en dar y en recibir, reflexiona sobre la manera en que puedes abrirte internamente e invitar a las personas a que compartan tu poder y potencial de sanación. Tu trabajo no se basa solo en dominar el método que hayas elegido, sino en ser un modelo que inspire a los demás a desarrollar todo su potencial. Son tu energía y prosperidad interiores las que harán que atraigas o alejes a las personas. Es tu energía la que hará que se abran y que reciban la vibración que les estás transmitiendo.

Éste no es un proceso plenamente consciente. Nuestros gunas interactúan con los gunas de las otras personas, de tal manera que tu energía siempre inspirará a unos o disuadirá a otros. Como sanador tienes la responsabilidad de cerciorarte de que tu energía favorece los procesos curativos de las personas que han recurrido a ti. Esto trasciende la mente consciente y la intención, y se adentra en el plano subconsciente de tu tipo de energía. Tus dos energías, la consciente y la subconsciente, interactúan con las personas con las que tratas.

Puedes inspirar a los demás de muchas formas, todo depende de tu temperamento y del desarrollo de tu carácter. ¡Éste es un tema para que reflexiones profundamente y puedas llegar a ser la mejor versión de ti mismo! Disfruta del proceso de aprendizaje y de crecimiento personal. Pocas cosas hay en la vida más gratificantes que ayudar a alguien que lo necesita. Puedes estar seguro de que como sanador causarás un efecto en las personas que trascenderá tu propia comprensión y que, sin duda, también te cambiará a ti. ¡Que la salud, la felicidad y la prosperidad siempre formen parte de tu viaje, y que puedas bendecir y curar a muchísimas personas con tu presencia, carácter y talento!

Lecturas recomendadas

Andrews, Ted, *The Healer's Manual: a Beginner's Guide to Energy Therapies*, St. Paul, MN, Llewellyn Publications, 1993.

Andrews, Ted, *Nature-Speak: Signs, Omens and Messages in Nature*, Jackson, TN, Dragonhawk Pub., 2004.

Bharadwaj, Monisha, *The Indian Spice Kitchen: Essential Ingredients and Over 200 Authentic Recipies*, Nueva York, Dutton, 1996.

Frawley, David, *Ayurveda and the Mind: the Healing of Consciousness*, Twin Lakes, WI, Lotus Press, 1996.

Frawley, David, *Mantra Yoga and Primal Sound: Secrets of Seed (Bija) Mantras*, Twin Lakes, WI, Lotus Press, 2010.

Hall, Judy. *The Crystal Bible*, Cincinnati, OH, Walking Stick Press, 2003.

The Mother, *Flowers and Their Messages*, Silver Lake, WI, Lotus Light Publications, 1992.

Shumsky, Susan, *Exploring Chakras*, Franklin Lakes, NJ, New Page Books, 2003.

Otras fuentes

Pathways Health Crisis Resource Centre. http://www.pathwaysminneapolis.org/

Gita for the Masses. http://www.gitaforthemasses.org

American Institute of Vedic Studies. http://www.vedanet.com

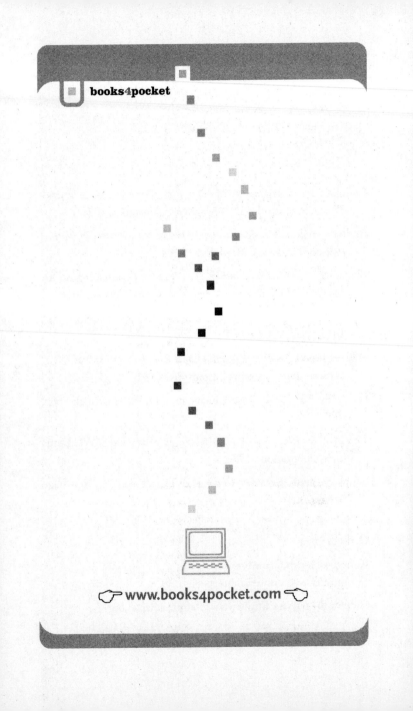

books4pocket

www.books4pocket.com